오아시스 모먼트

오아시스 모먼트

마음이 무너지기 전에 나를 안아주는
자기돌봄의 시간

한유리 지음

어느 여름날, 잔디밭이나 나무 아래 누워
물 흐르는 소리를 듣거나 파란 하늘에 흘러가는
구름을 바라보는 것은 결코 시간 낭비가 아니다.

- 존 러벅

추천의 글

"빠르게 연결되고, 끊임없이 반응해야 하는 시대일수록 우리는 오히려 자기 자신과의 연결을 잃어간다. 이 책은 외면해온 감정의 '그림자'를 마주할 용기를 건네며, 단순한 위로를 넘어 진정한 회복으로 이끄는 여정을 안내한다. 우리가 억눌러온 감정들과 용기 있게 대면할 때, 비로소 타인의 기대가 아닌, 나 자신으로 살아갈 수 있는 힘을 찾을 수 있다. 이 책은 그 여정을 함께 걸어줄 동반자가 되어줄 것이다." _김성태, **고려대 감성지능전략랩(EIS) 및 미디어대학 교수, 《데이톨로지》 저자**

"이 책은 '쉬어도 괜찮아'라는 가장 따뜻한 허락이다. 달리기만 해온 나에게, 멈춤이야말로 가장 용기 있는 선택임을 알려주었다. 우리는 살아가며 너무 자주, '더 열심히', '더 빨리'라는 강박에 스스로를 몰아세운다. 하지만 저자는 조용히 속삭인다. 진짜 삶은, 때로는 멈추는 데서 시작된다고. 잠시 멈추어 숨을 고를 수 있어야 나의 방향을, 나의 삶을, 진정으로 다시 선택할 수 있다는 것을 이 책을 통해 깊이 깨닫게 될 것이다." _정서영, **BH 엔터테인먼트 이사**

"인정받고 싶다는 마음으로 어린 시절을 보냈을 많은 이들에게, 저자의 고백은 그 자체로 위로와 치유가 되어준다. '타인의 기대를 전부 내려놓는다면, 나는 어떤 삶을 살고 싶은가?' 이 책은 우리 모두가 스스로에게 던져야 할, 그러나 쉽게 답하기 어려운 질문을 용기 있게 건넨다. 저자가 오랜 시간 몸으로 실천하고 스스로 증명해온 회복의 지혜가 이 책 속에 고스란히 담겨 있다. 지금, 당신도 그 여정을 함께 시작해보시길 바란다." _장혜선, MBN 아나운서

"이 책은 놀랍도록 솔직하고 따뜻한 자기회복의 고백이다. 한유리 작가는 삶의 무게에 눌려 외면해온 감정들을 억누르지 않고, 자신의 언어로 정직하게 끌어올린다. 저자는 '회복은 거창한 변화가 아니라, 조용히 나를 들여다보는 일에서 시작된다'고 말한다. 타인의 기대를 내려놓고, 있는 그대로의 나를 만나기 시작하는 순간, 우리는 비로소 다시 삶을 선택할 수 있다. 그 힘은 당신에게 있다." _정주영, 《더 레이저》, 《하버드 상위 1퍼센트의 비밀》 저자

"우리는 매일 도파민에 이끌려 '더, 더, 더'를 외치며 살아간다. 쉴 새 없이 움직이지만, 정작 나를 느끼는 감각은 점점 무뎌져 간다. 이 책은 그 끊임없는 자극의 회로를 잠시 멈추게 하고, 존재 모드로 천천히 돌아오는 길을 안내한다. 내 안의 잊혀진 감각을 되찾고 싶은 모든 이들에게 추천하고 싶다." _책그림(노태민), 52만 책 유튜버, 변화전문가

프롤로그

사막이 아름다운 이유는,
어딘가에 우물을 감추고 있기 때문이야.
- 《어린 왕자》 중 생텍쥐페리

우리는 인생이라는 사막을 걷는다. 어떤 날은 모래바람에 눈을 제대로 뜰 수조차 없고, 어떤 날은 끝없이 펼쳐진 황량함에 방향을 잃는다. 갈증이 몰려오고, 더 이상 앞으로 나아갈 힘조차 남지 않았다고 느끼는 순간, 우리는 본능적으로 무언가를 찾는다. 숨을 고를 수 있는 곳, 생명을 되찾을 수 있는 곳, 살아남을 수 있는 장소, 오아시스다. 인생에는 오아시스가 필요하다. 그 오아시스는 멀리 있지 않다. 바로 우리 내면 깊은 곳에 존재한다.

어릴 적, 우리는 사랑받기 위해 노력했다. 부모님의 미소, 선생님의 칭찬, 친구들의 인정을 얻으려고 애썼다. 이를 위해 우리는 때로는 자신을 숨기고, 때로는 고치고, 때로는 억눌렀다. 보여줘도 괜찮은 모습과 숨겨야 할 모습을 나누는 법을 배웠다. 그렇게 '사회적인 나'를 살아가기 시작한다. 좋은 사람이 되어 타인의 기대에 부응하고자 노력한다. 하지만 시간이 흐르며 소모되는 자신을 바라보면서, 우리는 어느 순간 묻게 된다.

"왜 좋은 사람이 되려 애쓸수록, 나를 잃는 것 같을까?"
"왜 나는 쉬는 게 두렵고, 멈추면 무너질 것만 같은가?"
"왜 더 이루어도 채워지지 않을까?"

타인의 기대와 요구 속에 억눌려 있기 때문이다. 우리는 부모님의 기대를, 사회가 요구하는 성공의 기준을, 타인의 시선을 내면화한다. 그러면서 내 안의 목소리를 놓친다. 수용될 수 있는 모습만 드러내고, 약함, 두려움, 욕구, 다른 가능성을 어두운 곳에 숨긴다.

심리학자 칼 융(Carl Jung)은 이러한 억눌림을 '그림자(shadow)'라고 불렀다. 우리는 그림자를 부정하고 외면하지만, 그림자는 사라지지 않는다. 오히려 억누를수록 더욱 강력하게 우리의 삶에 영향을 미친다. 겉으로는 성실하고 착하게 살아가지만, 내면 깊은 곳에서는 불안과 조바심, 자기비난에 시달린다. 왜 아무리 노력해도 만족할 수 없는가. 왜 끊임없이 더 높은 목표를 세우고, 더 나은 나를 증명하려 애쓰는가. 그 이면에는 그림자가 있다.

그 그림자 속으로 깊이 들어가면 '내면아이'가 있다. '조금만 멈추면 뒤처질 거야', '있는 그대로의 나는 부족해'라고 말하며 움츠러든 아이가 있다. 우리는 그 아이를 외면한 채 자꾸만 더 열심히, 더 빠르게 달려간다. 그러나 내면아이를 안아주지 않는 한, 목마름은 결코 사라지지 않는다.

멈추지 않으면 우리는 그림자의 목소리에 끌려다니게 된다. 사랑받지 못할까 봐, 실패할까 봐, 인정받지 못할까 봐 두렵고 무섭다. 자신을 몰아붙이며 끝없이 달린다. 그러다 결국, 번아웃이라는 절벽에 다다른다. 몸은 지치고, 마음은 텅 빈다. 그제야 우리는 깨닫는다.

'이 길의 끝에는 나를 위한 인생이 없구나.'

이 책은 바로 그 지점에서 시작된다. 나는 나의 그림자와 마주하는 과정을 통해 삶을 다시 선택했다. 타인의 기대를 충족시키기 위해 달려온 20대, 실패를 두려워하며 나를 몰아붙였던 시간들, 성취했음에도 허전했던 순간들을 마주했다. 그 시간의 이면에는 억눌린 감정과 외면당한 내면아이가 있었다. 나는 그 아이를 찾아야 했다. 그리고 말해주어야 했다.

"괜찮아. 넌 지금 충분해."
"이제는 내가 너의 편이 되어줄게."

이 책은 당신에게 멈추기를 제안한다. 멈춘다는 것은 포기가 아니다. 오히려 용기 있는 출발이다. 멈춤은 외부의 기준과 타인의 기대에서 잠시 벗어나, 오롯이 나에게로 돌아오는 시간이다. 억눌러온 감정들을 들여다보고, 나의 진짜 욕망이 무엇인지, 무엇을 원하고 무엇을 두려워하는지 깊이 탐색하는 시간이다. 그것이 바로 '오아시스 모먼트(Oasis Moment)'다.

사막을 지나는 사람에게 오아시스는 단순한 휴식처가 아니다. 생명을 유지하고, 방향을 다시 잡고, 여정을 계속하기 위한 필수적인 장소다. 마찬가지로, 우리의 삶에서 오아시스 모먼트는 무너진 내면을 회복하고, 진정 원하는 방향을 설정하는 데 반드시 필요한 시간이다.

《오아시스 모먼트》는 내면의 사막에서 오아시스를 찾는 여정을 담았다. 멈추고, 이해하고, 돌보는 과정, 나는 이 여정을 'SUN'이라 부른다.

S - Stop (멈추기)
U - Understand (이해하기)
N - Nurture (돌보기)

첫 번째는, 멈추기(Stop)다.

많은 사람들은 멈추는 대신 더 분주하게 움직인다. SNS를 끝없이 넘기고, 과도하게 자기계발을 하며, 의미 없는 여행으로 도망친다. 그러나 이러한 '경험적 회피'는 진짜 쉼을 주지 못한다. 오히려 불안을 더 키운다.

멈춘다는 것은 아무것도 하지 않는 것이 아니다. 멈춘다는 것은 존재로서 쉬는 것이다. 외부의 기대와 기준을 잠시 내려놓고, 오롯이 나 자신과 연결되는 시간이다. 단 5분이라도 호흡에 집중하고, 감각을 깨우며, 몸과 마음을 부드럽게 내려놓는 것이다. 행위 모드를 끄고, 존재 모드로 들어가는 것이다.

두 번째는, 이해하기(Understand)다.

멈춘 다음에는 마주해야 한다. 왜 나는 쉬는 것이 두려웠는지, 왜 나는 끊임없이 인정받고자 애썼는지를 살펴봐야 한다. 우리의 내면에는 작은 상처들, '스몰 트라우마'가 쌓여 있다. "별일 아닌데 왜 이렇게 예민하지?"라고 넘겼던 수많은 순간들에 그림자가 숨어 있다.

우리는 '역기능적 신념'을 품고 살아간다. '실수하면 사랑받지 못해', '튀면 미움받아'와 같은 신념은 우리를 끊임없이 조이고 몰아붙인다.

글을 쓰면서, 명상을 하면서, 내면아이와 대화하면서 우리는 스스로에게 따뜻하게 말할 수 있게 된다.

"너무 애쓰지 않아도 괜찮아."
"나는 모든 너를 이해하고 사랑해."

세 번째는, 돌보기(Nurture)다.

돌보기는 단순한 위로나 감정의 무마가 아니다. 돌보기는 나의 내면에 깃든 가능성과 잠재력을 다시 살려내는 것이다. 칼 융은 말했다. "인간은 자신을 완전하게 이해하기 위해 자신의 어두운 부분과 대면해야 한다." 그림자는 단순한 어둠이 아니다. 그 안에는 우리가 부정해 온 빛이 숨어 있다. 우리는 모두 자기 안에 더 큰 가능성을 품고 있다. 단지 두려움 때문에 그것을 외면해 왔을 뿐이다.

돌보기 단계에서는 새로운 질문을 던진다.

"나는 어떤 재능을 억누르고 있었는가?"
"나는 어떤 가능성을 두려워해 왔는가?"
나의 가능성을 발견하여, 정체성을 다시 선언할 수 있다. 내 삶을 '증명'하는 것이 아니라, 그저 나의 빛을 '표현'하는 것이다.

이처럼 세 단계를 통해 우리는 더 이상 타인의 기대에 끌려다니지 않고, 나의 삶을 주도적으로 선택할 수 있게 된다. 억눌린 그림자는 사라지는 것이 아니라, 수용되고 통합되면서 빛으로 변한다. 어둠을 부정하는 것이 아니라, 어둠을 품어야 우리는 진정한 빛을 발견할 수 있다.

이 책은 이론서가 아니다. 자기이해를 돕는 가이드이자, 자신을 돌보는 연습을 하는 실전서다. 총 15가지 실습이 당신의 여정을 도울 것이다. 마음 속에 나뭇잎을 띄우며 내 생각을 인식할 것이고, '해야 한다'는 사슬을 풀어볼 것이다.

'내면아이'와 만나서 이야기하는가 하면, 나의 정체성을 다시 찾는 실습을 해볼 것이다.

나는 이제 압박감에 떠밀려 살아가지 않는다. 누구의 기준도 아닌, 나 자신의 기준으로 삶을 설계한다. 나는 이제 실패를 두려워하지 않는다. 왜냐하면 나의 가치는 성취나 결과에 달려 있지 않다는 것을 알기 때문이다. 나의 존재 자체가 이미 충분하다는 것을, 이제는 믿기 때문이다.

타인의 기대를 내려놓고, 사회의 소음에서 벗어나, 억눌러온 당신의 목소리에 귀 기울여보자. 그리고 그 목소리를 따라, 당신만의 길을 다시 그려보자. 우리는 모두 각자의 오아시스를 가질 자격이 있다. 당신은, 바로 지금, 그 오아시스를 만들 수 있다.

멈춤을 두려워하지 말자. 멈추는 순간, 우리는 비로소 방향을 찾을 수 있다. 이해를 두려워하지 말자. 이해하는 순간, 우리는 비로소 자유로워질 수 있다. 돌보기를 두려워하지 말자. 돌보는 순간, 우리는 비로소 빛날 수 있다.

이제, 당신만의 오아시스를 만들 차례다. 당신은 충분히 그럴 자격이 있다.

당신의 여정을 함께 걷고 싶다.

목차

추천의 글
프롤로그

1장. 그림자의 탄생

인생의 사막에서 길을 헤매다   25
당신은 누구의 삶을 살고 있는가 | '이렇게 해야 사랑받을 거야', 가치의 조건화 | 그림자, 학벌 콤플렉스 | 성공에도 불구하고, 번아웃 | 내 안에 내면아이가 살아있었다 | 그림자에서 빛으로 나아가다

2장. 오아시스 모먼트

나를 마주하는 시간, 오아시스 모먼트　　　　　　　　57
오아시스 모먼트의 3단계 'SUN'

3장. 의도적으로 멈추기

자동 조종 모드에서 깨어나기　　　　　　　　　　　75
마음의 세 가지 모드 | 자동 조종을 멈추고, 존재 모드로 들어가기 | [팁] 존재 모드를 일상에 적용하는 방법

가짜 쉼에서 진짜 쉼으로　　　　　　　　　　　　87
멈추지 못하는 사람들 | 멈춤, 삶을 마주하는 용기 있는 연습 | 가짜 쉼의 유혹1, 경험적 회피 | 가짜 쉼의 유혹2, 도피로서의 쉼 | 진짜 쉼이란 무엇인가 | [실습1] 나뭇잎 띄우기 명상

'할 수 있다' vs '해야 한다'　　　　　　　　　　　103
'해야 한다'라는 의무의 덫 | 가능성의 언어, '할 수 있다' | [실습2] '해야 한다'라는 사슬을 푸는 연습 | 멈추는 순간, 우리는 도착한다

4장. 그림자 이해하기

내 안의 또 다른 나, 그림자 마주하기   **117**
그림자와 화해하는 시간 | 보이지 않는 상처, 마음 속 그림자 | 작은 상처들이 남긴 깊은 흔적, 역기능적 신념 | [실습3] 스몰 트라우마를 알아차리는 질문 | 세상을 바라보는 내면의 틀, 세 가지 신념 | [실습4] 세 가지 신념 찾아보기

있는 그대로의 나를 존중하는, 그림자 수용하기   **143**
그림자를 대하는 두 가지 방식 | 엠마 고모 이야기 | 불편한 감정과 함께 살아가는 연습 | [팁] 그림자를 환대하는 자세

상처받은 내면아이 안아주기   **155**
내 안의 어린 아이가 살고 있었다 | [실습5] 내면아이에게 현명한 부모 되어주기 | 나에게 보내는 따뜻한 위로, 자기연민의 목소리 | [실습6] 나에게 연민어린 편지쓰기 | 내면아이를 위한 심리적 안식처 | [실습7] 나만의 오아시스 상상하기 | 오랫동안 기다려온 만남, 내면아이 초대하기 | [실습8] 내면아이 명상 | [실습9] 자기수용 문장 읽기

5장. 빛을 돌보기

그림자에도 빛이 있다면 187
어둠을 지나, 빛으로 | 내 안의 숨겨진 빛, 밝은 그림자 | 빛을 가로막는 사슬 끊어내기 | [실습10] 오래된 신념 내려놓기

내가 정말 원하는 삶은 무엇인가 203
삶의 끝에서 다시 삶을 선택하기 | [실습11] 나의 추도식 상상하기 | 추도식이 알려주는 것들 | 밝은 그림자로 나를 재정의하다 | [실습12] 정체성 선언문 | 새로운 나의 이야기로 살아가다

빛으로 나아가기 222
정체성은 행동으로 쓰여진다 | [실습13] 나만의 정체성 루틴 만들기 | 새로운 빛으로 나아가다

6장. 나만의 안식처를 찾아서

내면의 안식처를 찾아서 235
우리에겐 회복 공간이 필요하다 | 마음이 쉴 수 있는 세 가지 열쇠 | [실습14] 나만의 안식처 찾아보기

7장. 일상으로 뿌리내리기

명상, 내면의 소리를 듣는 시간 263
내면의 소리를 듣는다는 것 | 명상이 나에게 알려준 것 | 현재로 돌아오는 연습

요가, 몸과 마음의 균형을 맞추는 시간 272
1평 짜리 매트 위의 세계 | 움직이는 명상 | 마음이 뻣뻣할 땐 요가

기록, 나만의 보물을 찾는 시간 283
오늘에 이름 붙이기 | 과거로부터 온 보물 상자 | 시간의 확장, 정서적 강렬함

독서, 깊이 성찰하는 시간 293
내면으로 떠나는 여행 | 마음챙김 독서 | 생각을 보호하는 막

리트릿, 일상에서 물러나는 시간 302
의도적인 멈춤, 내면의 소리를 듣는 시간 | 리트릿으로 나를 마주하다 | [실습15] 나만의 리트릿 설계하기

에필로그. 집으로 돌아오다

도움받은 책들

여행을 떠날 각오가 되어 있는 사람만이
자기를 묶고 있는 속박에서 벗어날 수 있다.

- 헤르만 헤세

1장 그림자의 탄생

OASISMOMENT

삶의 여정 중간에, 어두운 숲속에서
길을 잃은 내가 보였다.

- 단테

인생의 사막에서
길을 헤매다

당신은 누구의 삶을
살고 있는가

 당신은 누구의 기대를 만족시키며 살아가고 있는가? 이 질문을 받았을 때, 마음속에서 즉각 떠오르는 답이 있다면 잠시 그 답을 붙잡아 보자. 부모님의 기대인가? 친구들이 멋있다고 추켜세워 주는 모습인가? 아니면 사회가 정해 놓은 이상적인 기준인가? 우리는 종종 타인의 기대를 충족시키는 것이 '옳은 삶'이라고 믿는다. 그리고 그것을 당연하게 받아들인다. 자신이 왜 그것을 쫓고 있는지 깊이 고민해 보지 않은 채, 그저 중요한 것 같다고 믿는다. 그렇게 우리는 점점 자신이 아닌, 타인의 기대 속에서 '만들어진 나'로 살아가게 된다.

어린 시절부터 우리는 무의식적으로 주변 사람의 기대에 맞춰 행동한다. 부모나 중요한 사람들의 기대에 따라 행동해야, 그들의 사랑과 보살핌을 받을 수 있을 거라고 생각하기 때문이다. 그러다가 어느 순간부터는 '기준'을 배우기 시작한다. 어떤 행동은 칭찬과 격려를 받지만, 어떤 행동은 거부되거나 수용되지 않는다는 것을 인식하는 것이다. 그 과정에서 우리는 보여줘도 되는 모습과 감춰야 하는 모습을 구분하기 시작한다.

타인이 나에게 기대하는 모습만 드러낸다. 나의 결점은 숨기고, 좋은 모습만 보여주려고 한다. 타인에게 받아들여지지 않을 것 같은 욕망, 감정, 성격은 억누른다. 분노를 숨기기도 하고, 더 다가가고 싶은 마음을 숨기기도 하고, 뛰어다니고 싶은 모습을 숨기기도 한다. 부모, 학교, 사회가 원하는 모습만 남기고 나머지는 외면한다. 사랑받고 인정받기 위해, 사회가 원하는 모습만 남기고 나머지는 억압한다.

처음에는 타인이 수용하지 않아서 숨기지만, 시간이 지날수록 나 자신도 그러한 모습을 싫어하게 된다. 그렇게 받아들이지 못한 자신의 일부를 억압하는데, 그것이 '그림자'가 된다. 그림자는 인정하기 어려운 자신의 모습과, 사회적 기준이나 타인의 기대에 맞추기 위해 억압한 욕구와 감정이다. 그림자는 겉으로는 드러나지 않지만, 무의식 깊은 곳에서 강렬한 영향을 미친다. 때로는 불안과 조바심으로, 때로는 끊임없는 성취욕과 자기비난으로 우리를 찾아온다.

우리는 모두 저마다의 그림자를 가지고 살아간다. '나는 착한 아이여야 해', '나는 인기가 많아야 해', '나는 반드시 성공해야 해'와 같은 의무감을 가지고, 이를 달성하지 못하면 수치심, 우울함, 죄책감을 느낀다. 자신의 결점을 감추고 실패를 들키지 않으려 한다. 내 결점을 누군가 알면 미움받을 거라는 두려움을 느낀다. 그림자는 우리를 더 많이 노력하게 하고, 남의 기대를 충족시키기 위해 과하게 애쓰도록 만든다. 그러다 보면 어느 순간, 자신의 모습이 진짜인지조차 혼란스러워진다.

어떤 사람들은 "나는 타인의 시선이나 기대로부터 자유로워."라고 말하기도 한다. 하지만 그 안을 깊이 들여다보면 자유롭다는 말이 사실인지 확신하기 어렵다. 끝없이 무언가를 증명하려 애쓰고, 자신을 부족하다고 느끼며, 더 나은 내가 되어야 한다는 강박 속에서 사는 것은 어쩌면 스스로 깨닫지 못하는 '타인의 기대'를 충족시키려고 노력하기 때문일지도 모른다. 우리는 그림자를 무시하려 애쓰지만, 그럴수록 그림자는 우리를 더 강하게 붙잡는다. 그런데 그림자는 어디서부터 시작된 것일까? 그림자는 어린 시절의 '조건화된 경험'에서 시작된다.

'이렇게 해야 사랑받을 거야', 가치의 조건화

어린 시절, 나의 시선은 언제나 언니를 향해 있었다. 언니는 참 멋있어 보였다. 공부를 잘했고, 자신의 의견을 명확하게 표현할 줄도 알았다. 그런 언니는 부모님의 자랑이었고, 주변 사람들에게도 인정받는 존재였다. 나는 그런 언니가 부러웠다. 부모님이 언니에게 똑똑하다고 칭찬할 때마다, 내 마음속에서 작은 소망이 피어올랐다.

'나도 언니처럼 공부를 잘하면, 부모님이 더 사랑해 주겠지.'

하지만 나는 언니와 달랐다. 언니는 생각이 빠르고, 말도

논리정연하게 잘했다. 반면, 나는 하고 싶은 말을 금세 떠올리지 못해, 대화를 나누다가도 조용히 입을 다물 때가 많았다. 언니는 내가 말을 명확하게 하지 못할 때면 다음과 같이 말했다.

"육하원칙에 맞춰 얘기해 봐."

"논리적으로 말해야지!"

그런 말을 들을수록 나는 더욱 말문이 막혔고, 침묵하기 시작했다. 나는 몸을 움직이며 세상을 느끼는 걸 좋아하는 아이였다. 직접 경험하고 감정을 표현하는 데는 익숙했지만, 논리적으로 생각을 정리해 말하는 일은 어색하고 버거웠다. 그래서 나는 언제나 언니보다 '부족한 아이'처럼 느껴지곤 했다. 그때부터 나는 나의 본모습을 감추기 시작했다. 감정을 잘 느끼는 나, 천천히 생각하는 나, 이성적인 판단보다 공감을 더 원하는 내 모습을 숨겼다. 그 모든 모습이 결점처럼 느껴졌고, '사랑받기 위해선 더 나은 내가 되어야 한다'는 믿음이 자리 잡기 시작했다.

부모님은 나를 비난하거나, 직접적으로 언니와 비교하지는 않았다. 하지만 나는 부모님의 반응을 무의식적으로 '위험 신호'로 받아들였다. 언니가 좋은 성적을 가져오면 부모님은 환하게 웃으셨다. 반면 내가 시험지를 내밀면 부모님은 나를 혼내거나 실망하지도 않았다. 그저 미소를 지으면서 다음과 같이 말씀하실 뿐이었다.

"다음에 더 잘하면 되지. 힘내."

그 말은 나에 대한 위로였을까, 아니면 실망의 표현이었을까? 부모님의 반응은 따뜻했다. 하지만 나는 부모님의 미묘한 반응 차이를 알아차렸다. 그리고 부모님의 반응을 곱씹으며 조용히 결론을 내렸다.

'내가 언니만큼 잘하지 못해서 그런 거야.'

그때부터 점수는 단순한 숫자가 아니라, '사랑받기 위한 조건'이 되었다. 심리상담의 대가 칼 로저스(Carl Rogers)는 이러한 과정을 '가치의 조건화(condition of worth)'라고 말한다. 부모나 중요한 타인이 특정한 조건에서만 나를 사랑해 주는 것처럼 보일 때, 우리는 무의식적으로 그 조건을 충족하려 애쓴다. 그리고 그 조건에 맞지 않는 나의 모습은 억눌러 그림자로 밀어 넣는다. 예를 들어, '말을 잘 듣는 착한 아이가 사랑받는다', '성적이 좋아야 인정받는다', '조용하고 성실해야 괜찮은 사람이다'라는 메시지를 받은 아이는 분노나 반항심을 억누르게 되면서 화를 잘 내지 못하고 자기주장을 하지 못하게 된다. 그렇게 아이는 '분노'라는 가치는 억압하고, '순응'이라는 가치를 우선시하며 자신의 가치를 조건화한다. 나 역시 마찬가지였다. 부모님은 강요하지 않았지만, 나는 언니처럼 공부를 잘해야만 사랑을 받을 수 있을 거라 믿기 시작했다.

부모님과 언니는 늘 '공부하는 삶이 안정적'이라고 말했다. 나는 그들의 기대와 신념을 무의식적으로 받아들였다. '튀지 않고 공부를 해야, 부모님이 걱정하지 않겠구나.' 그렇게 나는 예체능 대신 공부를 선택했다. 활동적이고 몸을 움직이며 탐구하는 것을 좋아하던 성향은 그림자로 밀려났다.

문제는 공부가 쉽지 않았다는 것이다. 나는 언니만큼 좋은 성적을 내지 못했고, 공부에 흥미를 느끼지 못하며 서서히 의욕이 떨어져 갔다. 그러는 동안 부모님의 반응 속에서 실망과 아쉬움을 읽었다. 그렇게 나는 스스로 '부족한 아이'라고 정의하기 시작했다.

'부족한 나는 사랑받을 수 없어.'

'부족한 나는 인정받을 수 없어.'

이러한 믿음은 나를 조용히, 그러나 강력하게 지배해 갔다. 우리는 모두 '조건화된 사랑'을 경험한다. 어린 시절에 듣거나 느꼈던 부모님이나 선생님의 한마디, 친구의 반응에 지금까지 영향을 받고 있지는 않은가? 부모님께 받은 칭찬이나 실망의 눈빛, 선생님께 들은 꾸중, 친구들의 무심한 평가가 지금도 기억나지는 않은가? 이 모든 것이 지금도 당신의 내면 어딘가에서 '가치의 조건화'를 만들고 있을지도 모른다.

당신은 무엇을 이루기 위해 애쓰고 있는가. 당신이 집착하고 있는 것은 무엇인가. 삶에서 고군분투하고 있는 바로 그 지점에 당신의 그림자가 숨어 있을지도 모른다. 애쓰고 있는데 왜인지 자꾸만 의심이 들고 나의 길이 무엇인지조차 헷갈리며 즐거움이나 뿌듯함보다는 그저 안도감을 느끼는 데 만족하고 있다면, '가치의 조건화'를 살펴볼 필요가 있다. 겉으로는 잘 지내는 것 같은데 이상하게 마음이 불안하고 불행하다면 그것은 무언가 잘못됐다는 신호일 것이다.

당신은 자신의 기대에 따라 살아가고 있는가, 아니면 타인의 기대에 맞추기 위해 살아가고 있는가? 좋은 모습만 빛으로 내보이고, 수용되지 않는 모습은 그림자로 억압하지는 않는가? 그림자가 커지면 마치 두 개의 삶을 살아가는 듯한 경험을 하게 된다. 겉으로는 착하고 성실하며 성공한 모습이지만, 내면은 불안과 좌절, 분노와 두려움으로 가득

할 수 있다. 이러한 내면과 외면의 불일치는 우리를 지속적으로 소진시키며, 결국 자신의 진정한 모습을 사랑하지 못하게 만든다.

사람들은 자신의 그림자를 외면함으로써 당장의 고통을 벗어나려 한다. 어두운 부분을 부정하고 억누르면, 일시적으로는 안전하고 문제없다는 느낌이 들 수 있다. 하지만 억압된 그림자는 결코 사라지지 않는다. 오히려 더 강력한 형태로 우리의 삶에 끊임없이 모습을 드러낸다. 그림자는 때로는 불안과 자기 의심으로, 때로는 예상치 못한 분노나 슬픔으로 우리를 괴롭힌다. 억눌린 감정과 욕구는 우리가 진정 원하는 삶을 살아가지 못하도록 방해하며, 타인의 기대와 사회적 기준에 끌려다니는 삶을 지속하게 만든다.

그림자는 성인이 되어서도 사라지지 않는다. 스무 살이 되었을 때, 나는 더 이상 부모님의 사랑을 갈구하는 아이가 아니었지만, '나는 부족하다'는 믿음이 여전히 내면을 지배하고 있었다. 그래서 끊임없이 더 나은 사람이 되어야 한다고 생각했고, 더 노력하고 더 성취해야만 가치 있는 사람이 된다고 믿었다.

그 믿음은 나를 부지런히 움직이게 했지만, 동시에 지치게 했다. 잠시라도 쉬면 불안했고, 충분히 잘하고 있음에도 아직 부족하다는 느낌이 머릿속에서 떠나지 않았다. 무엇을 하거나 어떤 성취를 이루더라도 만족은 오래가지 않았고, 곧바로 또 다른 목표를 세우며 나 자신을 몰아붙였다. 그 모든 노력의 바탕에는 단 하나의 두려움이 있었다.

'지금 그대로의 나는 충분하지 않다.'

그림자,
학벌 콤플렉스

언니는 늘 말했다.
"대학은 SKY 정도는 나와야 해."
그 말은 마치 절대적인 기준처럼 들렸다. 나는 그 기준을 내면화했기에, 대학 입시는 단순한 시험이 아니라 '나의 가치'를 증명하는 과정이 되었다. 하지만 나는 원하는 결과를 얻지 못했다.

재수를 하면서 하루 종일 문제집과 씨름하며 스스로 몰아붙였다. 더 열심히 하면, 더 노력하면 결국 원하는 곳에 갈 수 있을 거라 믿었다. 하지만 결과는 변하지 않았다.

SKY에 입학하기에는 턱없이 부족했고, 나는 계속해서 '부족한 아이'였다.

결국 인서울 대학에 입학했지만, 부족하다는 감각은 사라지지 않았다. 나의 대학, 나의 점수는 여전히 사랑받을 수 없다는 증거처럼 보였다. 학벌이라는 그림자는 나를 점점 더 움츠러들게 하였고, 이는 콤플렉스로 연결되었다. 언니가 명문 대학에 입학하며 부모님의 큰 자랑이 된 반면, 나는 몇 차례 재수를 거친 끝에 겨우 인서울 대학에 진학했다는 것을 스스로 창피해했다.

학벌 콤플렉스는 내 삶 전반에 걸쳐 그림자로 작용했다. 새로운 사람들을 만날 때마다 대학에 대해 물을까 불안해했고, 자기소개를 할 때면 자연스럽게 작아지곤 했다. 남들에게 인정받고 싶은 욕구는 강했지만, 부족함을 들킬까 두려운 마음도 동시에 올라와서 인간관계를 피하거나 표면적인 관계만 유지하는 경우가 많았다. 이런 이중적인 태도는 나 자신을 옥죄었고, 그림자는 점점 더 강력한 형태로 삶에 영향을 미쳤다.

부모님의 사랑을 얻기 위해 시작한 노력은 점차 나 자신을 억누르고 통제하는 내면의 목소리로 변했다. 나는 내가 진짜 원하는 것이 무엇인지 점점 잊어갔다. '공부를 잘해야만 사랑받을 수 있다', '좋은 직업을 가져야만 인정받을 수 있다', '타인에게 인정받아야 가치 있는 사람이다'는 믿음은 더 나은 내가 되어야 한다는 강박으로 나를 몰아넣었다.

결국, 나는 학벌 콤플렉스라는 그림자 속에 갇혀버렸다. 그 그림자는 단순히 나의 배경이나 경력 때문은 아니었다. 그것은 내가 나를 사랑하지 못하는 방식이자 나를 증명해야만 한다고 믿는 방식이었다. 나는 누군가에게 끊임없이 나의 가치를 확인받아야만 괜찮다고 느꼈다. 하지만 이것은 내 가치를 내가 아닌 타인이 결정하는 것과 다름없었다.

대학을 졸업한 뒤에도 학벌의 그림자는 사라지지 않았다. 오히려 그것은 더 깊은 불안을 만들었다. 졸업이 다가오자, 나는 자신을 증명할 무언가가 필요하다고 느꼈다.

"SKY를 나오지 않았으니, 다른 무엇으로라도 나를 증명해야 해."

내가 진정으로 원하는 것이 무엇인지 고민하지도 않은 채, 나는 끊임없이 더 나은 무언가를 쫓아야 했다. 대학을 졸업할 즈음, 언니는 노무사 시험에 합격했다. 그러면서 나에게 노무사 자격증이 얼마나 유용하고 안정적인 직업을 보장해 줄 수 있는지 이야기했다.

언니의 성공은 나에게 또 하나의 기준을 제시했다. 나도 그 길을 걸어야 할 것 같았다. 그렇게 나는 다시 언니의 뒤를 쫓았다. 스스로를 증명할 방법으로써 노무사 공부를 선택했다.

'이 길이 정말 네가 원하는 길이야?'

'아니면, 누군가의 기대를 충족하기 위해, 조건을 만족시키기 위해 하는 건 아니야?

선택의 순간이 왔을 때 '나는 진정으로 원하는 것이 무엇인지' 묻지 않았다. 어쩌면 내면에서는 이미 답을 알고 있었을지도 모른다. 그러나 나는 그것을 외면했다. 언니의 기대, 부모님의 기대, 그리고 무엇보다도 나 스스로가 만들어 낸 이상적 자아를 충족시키기 위해 고시 공부에 매달렸다. 매일 1평짜리 독서실에 앉아서 "이번엔 잘될 거야."라고 되뇌곤 했다.

그러나 그 길은 나에게 맞지 않는 길이었고, 그 과정에서 느낀 것은 끝없는 패배감이었다. 결국 나는 노무사 시험에 합격하지 못했다. 불합격 통보는 단순한 실패가 아니었다. 그것은 나의 20대뿐만 아니라 존재 자체가 부정당한 느낌이었다.

나는 언제쯤 괜찮은 사람이 될 수 있을까? 20대 내내 나는 부족한 사람이었다. 노력이 부족했고, 능력이 부족했고, 그래서 나의 가치도 언제나 부족했다. 이런 생각은 나 자신을 끝없이 채찍질하게 했다.

'더 열심히 해야만 해. 그래야 인정 받을 수 있어.'

나는 나 자신을 있는 그대로 받아들이기보다, 끊임없이 이상적인 자아를 추구하며 살아왔다. 현실의 내 모습에 실망하고 스스로 비난했다. 융은 "우리가 외면한 그림자는 더 강력한 힘으로 우리를 지배한다."라고 말했다. 나는 내가 원하는 삶이 아니라 부모님이 원하는 삶, 사회가 기대하는 삶을 좇았다. 그리고 결국, 나의 20대는 '잃어버린 10년'으로 남았다. 끊임없이 애쓰고 노력했지만, 그 과정에서 내가 누구인지, 내가 진정으로 원하는 것이 무엇인지에 대해서는 깊이 들여다보지 않았다. 그림자는 내내 나와 함께하며 끊임없이 속삭였다.

"넌 아직 부족해."

"넌 더 잘해야 해."

이 목소리는 잠시도 나를 가만히 두지 않았다.

이것은 나만의 이야기가 아니다. 많은 사람들이 자신도 모르는 사이 그림자의 목소리에 끌려다닌다. 그리고 자신의 진정한 욕망과는 다른 삶을 선택하곤 한다. '우리는 왜 자신을 있는 그대로 받아들이지 못할까?', '우리는 왜 끊임없이 더 나은 자신을 증명하려 애쓰는 걸까?' 나는 이러한 질문들 앞에서 오랫동안 망설였다. 그러나 이제는 답을 찾아야 한다고 생각했다.

성공에도 불구하고, 번아웃

내면이 텅 빈 채 방황하고 있을 때, 남자 친구의 제안에 함께 사업을 시작하게 되었다. 더 이상 고시 공부를 이어갈 여력이 없었던 나는 잠시 다른 길을 걸어보기로 했다. 그렇게 시작한 사업은 예상보다 성공적이었다. 성과가 나오기 시작하며 경제적으로 여유가 생기기 시작했고, 그동안 해보지 못했던 새로운 경험들을 하나 둘 시도하며 심적으로도 여유가 생기기 시작했다. 드디어 터널 같은 20대가 끝나고, 밝은 미래가 펼쳐지는 것 같았다. 하지만 나는 여전히 그늘 속에서 무언가에 쫓기고 있었다.

"이 성공은 내 것이 아닐지도 몰라."

나는 남자 친구와 함께 사업을 운영하고 있었지만, 이 사업이 진짜 내 것이라는 확신이 들지 않았다. 누군가가 나에게 직업을 물어보면, 공동대표라고 자신 있게 말하지 못하고 그저 남자친구의 사업을 도와준다고 말했다. 운영, 홍보, 디자인 업무를 모두 맡고 있었음에도 내 역할이 작다고 생각했다.

나에게 성공의 기준은 학벌과 점수였다. 그 기준으로 평가하면 여전히 나는 부족한 사람이었다. 누군가가 칭찬해도 그것을 마음 깊이 받아들일 수 없었다. 처음에는 타인의 기대로부터 시작되었지만, 이제는 스스로 그 기준을 강요하고 있었다. 나는 여전히 과거의 기준에 맞춰 자신을 판단하고 있었다. 성공을 이뤘음에도 기대하던 방식이 아니었기에 내 성공을 인정할 수 없었다. 그리고 무엇보다, 나는 자신을 온전히 받아들이는 법을 몰랐다.

나는 자신을 끊임없이 증명해야 한다고 생각했다. 그래서 더 많은 일을 맡아서 하고, 끊임없이 무언가를 배우려고 했다. 마음속에 늘 '다음 목표는 무엇일까?'를 생각하면서 쉬지 않고 달렸다. 곳곳에서 잠시 멈추고 쉬어야 한다는 신호가 왔지만, 나는 그것을 무시했다. 나에게 '쉼'은 실패이자 사치였다. 아무것도 하지 않으면 뒤처질 것 같았고, 나라는 사람 자체가 쓸모없어질 것 같았다. 아직 목표를 이루지 못했으니 쉴 자격이 없다고 생각했다.

그러다가 결국 무너지고 말았다. 몸과 마음이 더 이상 견딜 수 없다며, 파업을 선언했다. 어떤 날은 아무것도 하지 않은 채 침대에서 하루를 보내기도 하고, 어떤 날은 일어나기조차 힘들어서 누운 채로 지내기도 했다. 번아웃이 주는 가장 큰 공포는 다음의 질문이었다. '내가 이토록 애써온 모든 것이 결국 아무 의미가 없다면, 나는 이제 무엇을 해야 할까?' 그렇게 나는 처음으로 스스로에게 묻기 시작했다.

"나는 왜 이렇게 애쓰며 살고 있는 걸까?"
"도대체 나는 무엇을 위해 살고 있는 걸까?"

나는 조금씩 깨닫기 시작했다. 달리는 것을 멈추고, 내 안에 억눌린 목소리를 들어야 한다는 것을. 내 안의 진짜 문제를 마주하지 않으면, 계속 달려도 결국 같은 자리로 돌아올 뿐이라는 것을. 내가 싸워야 하는 상대는 '세상'이 아니라 '나 자신'이었다는 것을.

내 안에 내면아이가
살아있었다

쉬고 싶다는 마음과 아무것도 하고 싶지 않다는 공허함에 휩싸인 채 나의 일상은 천천히 무너졌다. 하루 종일 침대에 누워 시간을 흘려보내는 날이 있는가 하면, 반대로 무리하게 스케줄을 채우며 자신을 몰아붙이는 날도 있었다. 하지만 뿌리 깊은 불안은 사라지지 않았다. 무엇인가 본질적인 문제가 해결되지 않았다는 것이, 그리고 내 안의 무언가가 여전히 나를 붙잡고 있다는 것이, 고통 속에서 느껴졌다.

그것은 나의 어린 시절부터 따라온 무엇이었고, 고시 공부를 하던 시절에도, 번아웃이 왔을 때도, 그리고 사업이 성장한 이후에도 여전히 내 안에 남아 있는 것이었다. 무엇인지 정확히 알 수는 없었지만, 그것은 마치 그림자처럼 나를 따라다녔다. 나는 스스로 묻기 시작했다.

"도대체 나는 무엇에 쫓기고 있는 걸까?"

"나는 왜 쉬지 못하는 걸까?"

"나는 왜 끊임없이 더 나아지려고 애쓰는 걸까?"

그러던 어느 날, 우연히 명상을 접하게 되었다. 처음에는 단지 쉼이 필요해서였다. 마음속 과부하를 잠시나마 내려놓고 싶었다. 하지만 명상은 예상했던 것보다 훨씬 더 깊은 세계로 나를 데려갔다.

처음 명상을 시작했을 때는 오히려 더 불편했다. 조용히 앉아서 호흡에만 집중하는 그 시간이 왜 그렇게 힘들었는지 모르겠다. 차분히 마음을 들여다보려 할수록 오히려 내 안의 감정들이 소용돌이쳤다. '내가 이렇게 시간을 허비해도 되는 걸까?', '지금 이럴 때가 아니야', '이렇게 해서 뭐가 달라지겠어?'와 같은 수많은 목소리들이 머릿속을 스쳐 지나갔다. 그러나 이 모든 목소리들을 그냥 지나가도록 놔두는 것, 그 혼란과 마주하는 것이 명상의 과정이라는 것을 서서히 배우기 시작했다.

그리고 어느 날, 오랫동안 억눌러왔던 한 장면이 떠올랐다. 그곳엔 어린 시절의 내가 있었다. 나는 그 장면을 보자마자 숨이 턱 막혔다. 좁은 교실, 낡은 나무 책상, 그리고 손에 꼭 쥔 시험지. 그 아이는 조용히 서서 시험지에 적힌 점수를 내려다보고 있었다. 손가락을 쭈뼛거리며 시험지를 쥐고 있었고, 작은 어깨는 미세하게 움츠러들어 있었다. 나는 그 아이의 표정을 보았다.

슬픔.

아니, 슬픔과 두려움이 동시에 서려 있었다.

그 순간, 나는 잠시 숨을 쉴 수 없었다.

아이는 고개를 살짝 들고 주변을 살폈다. 그의 시선 끝에는 언니가 서 있었다. 언니는 높은 점수가 적힌 시험지를 들고 있었고, 부모님은 언니를 바라보며 환하게 웃고 있었다. 반면, 내 손에 쥐어진 시험지에는 빨간 숫자가 보였다. 나는 부모님의 반응을 기다리고 있었다. 부모님은 나를 혼내지 않았다. 실망스러운 눈빛을 보내지도 않았다. 다만 조용히 시험지를 본 후 씁쓸한 미소를 지을 뿐이었다. 나는 괜찮은 척했지만 속이 울렁거렸다. 그 순간, 나는 명상 중이었음에도 손끝이 저릿해지는 것을 느꼈다. 나는 그 아이에게 말을 걸고 싶었다.

'괜찮아. 너는 충분히 잘했어.'

'점수는 네 가치를 증명하는 것이 아니야.'

하지만 목소리가 나오지 않았다. 그 모습은 너무도 익숙했다. 그것은 과거의 나였지만, 지금의 나를 완벽히 반영하고 있었다. 그 아이는 부모님의 환한 미소를 원했고, 실망을 주고 싶지 않았다. 그래서 끊임없이 더 나아지려고 애쓰고,

완벽해지려고 애썼다. 계속해서 나를 증명하려 했던 이유는 바로 그 아이의 눈물 때문이었다.

그러나 그 아이가 슬퍼했던 것은 부모님의 기대를 충족시키지 못했기 때문이 아니라 나 자신에게 외면당했기 때문이었다. 나는 어린 아이를 보듬어 주지 않았다. 오히려 방해가 되는 존재라고 생각했다. 부족한 나를 드러내지 않기 위해 더 노력하고 더 증명해야 한다고 끊임없이 스스로 다그쳐 왔다.

오랜 시간 동안 나는 그 아이를 무시하고 목소리를 들으려 하지 않으려 했다. 내 삶에 방해가 되고 귀찮은 존재처럼 느껴졌기 때문이다. 시험에서 좋은 점수를 받거나 성취를 이루어야 할 때, 그 아이는 불안과 슬픔을 끊임없이 내게 상기시켰다. 그래서 나는 그를 무시했다. 하지만 그 아이는 여전히 거기에 있었다. 슬픔도, 두려움도, 인정받고 싶은 마음도, 모두 그 자리에 함께 남아 있었다. 내가 보아주기를, 알아주기를 기다리며. 내가 돌아와 주기를 기다리고 있었다.

"미안해."

나는 조용히 그 아이에게 말했다. "너를 이렇게 오래 외면해서 미안해." "네가 느꼈던 모든 슬픔을 알아주지 못해서 미안해." 아이는 조용히 고개를 숙이고 서 있었다. 하지만 내가 조금씩 그에게 다가갈수록, 그는 고개를 들었다. 나는 다시 말했다.

"괜찮아. 너는 괜찮아. 그때 너는 최선을 다했어."

그 말을 건네는 순간, 갑작스럽게 눈물이 쏟아졌다. 그것은 오랜 시간 억눌러왔던 감정들이 한꺼번에 쏟아져 나오는 순간이었다. 나는 계속해서 외면해 왔지만 그 아이는 늘 그 자리에 있었다. 그 아이가 원했던 것은 단 하나였다. 부족해도 괜찮고, 지금 이대로도 괜찮다는 따뜻한 이해와 위로였다.

눈물이 멈추고 나서야 비로소 가슴 한편이 가벼워지는 것을 느꼈다. 어린 나와 마주하는 것은 쉽지 않았지만, 그것은 나를 자유롭게 해주었다. 오랜 시간 나 자신을 인정하지 않았다. 내 모습을 있는 그대로 받아들이지 못했고, 스스로 '괜찮다'고 말해주지 않았다. 부모님께서 자랑스러워하는 모습이 되기 위해 끊임없이 애쓰며 살아왔다. 내가 원하는 모습이 아니라 부모님이 바라는 모습인 '언니처럼' 되기 위해 노력했다. 그리고 이를 충족시키지 못하면서 느꼈던 죄책감과 부족함은 내면 깊은 곳에 그림자로 남아 있었다. 그렇게 나는 진짜 내 모습을 외면한 채 자신을 몰아붙이며 살아왔다.

그 아이가 지금 내 앞에 있다. 나는 두 팔을 벌려 아이를 기다렸다. 아이는 망설이다가, 천천히 나에게로 걸어왔다. 나는 그 아이를 따뜻하게 안아주며 속삭였다.

"이제는 너를 혼자 두지 않을게."

그 순간, 나는 알았다. 이제야 그림자를 받아들일 준비가 되었다는 것을. 이제야 진짜 나를 사랑할 수 있게 됐다는 것을. 그리고 나는 깨달았다. 내가 그렇게 열심히 달리며 멈추지 못했던 이유는 그림자를 회피했기 때문이었다. 도망가지 않고 그림자를 마주하자, 더 이상 달릴 필요가 없다는 것을 알게 되었다. 더 이상 가면을 쓰고 타인의 기대를 충족시키려 애쓸 필요가 없었다. 내 안의 어린아이는 그저 내가 안아주기만을 기다리고 있었.

그 후로도 나는 명상을 통해 그림자와 조금씩 더 마주했다. 억눌린 감정과 감춰둔 상처는 한 번에 풀리지는 않았다.

어떤 날은 분노가 올라왔고, 어떤 날은 자책이 밀려왔다. 하지만 조금씩 배우기 시작했다. 내가 느끼는 모든 감정은 나의 일부이며, 그것을 밀어내려 할수록 그림자는 더 강하게 나를 휘두른다는 사실을.

데비 포드(Debbi Ford)는 《그림자 효과》에서 다음과 같이 말한다. "있는 그대로의 진짜 자신을 숨기기 위해서 가면을 쓰게 만드는 것은 '두려움' 때문이다. 우리는 자신의 어두운 감정과 욕망을 감추기 위해 방어막을 설치한다." 내가 나를 감췄던 이유도 다르지 않다. 부족한 나를 감추고 더 완벽한 내가 되기 위해 가면을 쓰고 있었던 것이다. 하지만 가면 뒤에 숨겨진 그림자는 감추고 싶어 하는 우리의 일부분이며, 동시에 가장 순수한 모습이다.

또한 융은 "인간은 자신을 완전하게 이해하기 위해 자신의 어두운 부분과 대면해야 한다."라고 말했다. 이는 단순히 자신을 비판하거나 개선하는 것을 넘어, 온전한 자아를 통합하는 과정이다. 그림자를 나쁜 것으로 치부하는 것이 아니라, 그것 또한 자신의 일부로 받아들이는 과정이다. 내 안의 어린아이를 다시 보듬고 목소리를 들어주는 것. 그것이 바로 나를 치유하는 길이라는 것을 알게 되었다.

내면아이와의 만남 이후, 나는 자신과 새롭게 관계를 맺기 시작했다. 그것은 어릴 적 느꼈던 슬픔과 상처를 이해하고, 내 안에 억눌린 그림자들을 마주하는 것이었다. '부족해도 괜찮다', '무언가를 증명하지 않아도 괜찮다'는 메시지가 내 안에 조금씩 새겨졌다. 더 이상 나를 몰아붙이지 않게 되었고, 완벽하지 않아도 괜찮다는 것을 받아들이기 시작했다. 그리고 내가 진정으로 원하는 것이 무엇인지, 나에게 중요한 것이 무엇인지 물어보기 시작했다. 이상적 자아의 굴레에서 벗어나, 진짜 내 목소리에 귀를 기울이기 시작했다. 그림자를 인정하는 순간, 더 이상 도망치지 않아도 된다.

그림자에서 빛으로 나아가다

　그 후로 나는 불안과 의심이 올라오면 자신을 비난하는 대신 그 감정을 들여다보기 시작했다.
　'이 불안은 내가 나를 증명하지 못하면 가치가 없을 거라는 오래된 믿음에서 오는 것은 아닐까?'
　'이 조급함은 타인의 기대에 맞추려 했던 지난 시간에서

비롯된 것은 아닐까?'

나 자신을 괴롭히던 감정들의 실체를 보기 시작하자, 그것들은 더 이상 나를 붙잡지 못했다. 그때부터 삶은 새로운 방향으로 흘러가기 시작했다. 나는 타인의 시선이나 기대로부터 조금씩 자유로워지기 시작했다. 누군가 내게 "지금 하고 있는 일은 무엇인가요?" "어떤 성과를 이루셨나요?"라고 물어도 예전처럼 움츠러들지 않았다. 그 질문은 더 이상 나를 평가하거나 판단하는 신호가 아니라 그저 궁금증일 뿐이었다.

그렇게 그림자를 마주하고 난 이후 마음에 여유가 생기기 시작했다. 할 수 있는 일과 하고 싶은 일들이 명확하게 보이기 시작했다. 나는 자신에게 당당해졌다. 내가 만든 사업과 성과가 당당하게 느껴졌다. 돌아보니 그동안 쌓아온 것들이 꽤 많았다. 새로운 분야에서 사업을 시작해 키워온 것은 독특하고 값진 경험이었다. 그 이력을 살려서 대학원에 지원했다. 공부하고 싶은 마음, 자격을 갖추고 싶은 마음이 여전히 내 안에 있었다. 나는 스스로 물었다. '이 선택이 학벌 콤플렉스라는 그림자의 영향일까?'

어쩌면 그럴 수도 있다. 하지만 그림자는 우리에게 고통만 주는 것이 아니다. 5장에서 자세히 이야기하겠지만, 그림자는 우리가 성장하고 변화할 가능성을 함께 제공해 준다. 이전과 달랐던 점은, 그림자가 나에게 고통과 불안을 주는 방식으로 작동하지 않았다는 것이다. 억압에서 풀려난 그림자는 우리를 공격하지 않는다. 오히려 새로운 가능성을 알려준다. 나는 즐거운 마음으로 그 가능성을 탐색해 보기로 했다.

대학원에 진학한 이유는 누군가의 기대를 충족시키기 위함이 아니라, 고생했던 나에게 의미 있는 마무리를 안겨주고 싶었기 때문이었다. 결국 나는 원하던 대학원에 합격했고, 좋은 사람들을 만나 즐거운 대학원 생활을 보낼 수 있었다. 관심 분야에 대한 논문을 쓰며 공부에 대한 흥미도 되찾았다. 그렇게 고생했던 나의 20대를, 30대가 되어서야 비로소 마무리할 수 있었다. 일적으로도 나만의 사업을 새롭게 시작했다. 조금씩 성과를 내기 시작했고, 주도적으로 사업을 키울 수 있었다.

그림자를 수용하고 나면 삶에 대해 더 주체적으로 선택하게 된다. 나는 더 이상 학벌이나 직업, 다른 사람들의 기대에 의존하지 않게 되었다. 대신, 나 자신을 있는 그대로 존중하고 사랑하는 법을 배우기 시작했다. 이 변화는 새로운 목표를 세우고, 삶을 살아가는 방식에서 더 큰 자유를 주었다. 이제 나는 더 이상 증명하기 위해 애쓰지 않는다. 무엇보다 타인의 기대를 채우기 위해 살지 않는다. 내가 원하는 삶을 만들어 가며, 내면의 평화를 추구하는 삶을 살고 있다.

우리에겐 멈추어 서서 자신과 마주하는 시간이 필요하다. 그것이 내가 혼란스러운 20대를 거치고 30대 중반에 이르러 배운 가장 소중한 교훈이다. 이 과정이 쉽지는 않을 것이다. 하지만 멈추는 순간 우리는 내면에서 진실된 목소리를 들을 수 있다. 당신도 오아시스 모먼트를 통해 타인의 기대로부터 자유로워지기를, 그리고 자신의 진정한 욕망과 가치를 발견하기를 바란다.

다음 장에서는 내가 그림자를 마주하고 치유하기 위해 실천한 '오아시스 모먼트'를 소개하고, 세 가지 단계에 대해 이야기하려 한다. 그것은 멈추기(Stop), 이해하기(Understand), 돌보기(Nurture)다. 나는 이 세 단계를 통해 삶을 회복하고, '빛'으로 나아갈 수 있었다.

당신이 들어가기를 두려워하는 동굴이
당신이 찾는 보물을 숨기고 있다.

- 조지프 캠벨

2장 오아시스 모먼트
OASIS MOMENT

당신 자신을
자기 이외의 곳에서 찾지 말라.

- 랄프 왈도 에머슨

나를 마주하는 시간,
오아시스 모먼트

사막을 여행하는 사람들에게 오아시스는 단순한 휴식처가 아니다. 생존을 위한 필수 장소이며, 새로운 여정을 준비하는 공간이다. 끝없이 펼쳐진 사막 한가운데서 길을 잃으면, 갈증을 느끼고 지치며 방향 감각마저 흐려진다. 하지만 오아시스에 도착하는 순간, 비로소 숨을 고르고 나아갈 방향을 다시 정할 수 있다.

우리의 삶도 이와 같다. 일상은 언제나 바쁘고, 해야 할 일은 끝없이 쌓여 있다. 끊임없이 자신을 채찍질하며 계속 나아가지만, 정작 어디를 향해 가고 있는지 모를 때가 많다. 나에게 정말 필요한 것이 무엇인지 돌아볼 겨를도 없이, 사회적 기준과 타인의 기대에 맞추며 살아간다. 그렇기에 우리에게는 오아시스가 필요하다. 오아시스는 단순한 휴식이 아니다. 그것은 삶의 방향을 다시 설정하고 재정비하는 소중한 시간이다. 사막에서 길을 잃었을 때 오아시스를 찾아야 하듯, 인생에서 길을 잃었을 때는 '오아시스 모먼트'를 만나야 한다.

'오아시스 모먼트(Oasis Moment)'는 '의도적인 멈춤'이다. 바쁜 일상을 잠시 멈추고 내면에 집중하는 시간이다. 타인의 기대와 외부의 소음에서 벗어나 오롯이 나에게 집중하는 시간이다. 억눌려 왔던 감정을 들여다보고, 내가 정말 원하는 것이 무엇인지 깊이 탐색하는 과정이다. 무의식적으로 걸어온 삶의 방향을 점검하고, 진짜 욕망을 발견하는 내면 탐색의 시간이다. 바쁘게 살아오며 놓쳐온 감정들, 억눌러온 욕망, 그리고 깊이 감춰둔 그림자를 마주하는 순간이다. 오아시스 모먼트를 통해 우리는 잃어버린 자신을 되찾을 수 있다.

이전의 나는 멈추는 것을 두려워했다. 쉰다는 것은 실패처럼 느껴졌다. 잠시라도 멈추면 뒤처지고, 무의미한 존재가 될지도 모른다는 두려움이 있었다. 하지만 오아시스 모먼트를 통해 깨달을 수 있었다. 멈춘다고 해서 실패하는 것이 아니라는 것을. 오히려 멈춰야만 진짜 답을 찾을 수 있다는 것을.

우리는 바쁘게 살면서도 정작 스스로 원하는 것이 무엇인지 묻지 않는다. 타인의 요구와 기대 속에서 하루를 보내며, 삶의 방향을 점검할 기회를 스스로 허락하지 않는다. 그렇기에 우리는 자신에게 물어야 한다.

내가 지금까지 쫓아온 것은 정말 나의 욕망일까?
내가 조건화한 가치는 무엇일까?
만약 타인의 기대를 전부 내려놓는다면, 나는 어떤 삶을 살고 싶은가?

위의 질문들은 단순해 보이지만, 답을 찾는 과정은 결코 쉽지 않다. 오랜 시간 동안 억눌렀던 감정과 욕구를 마주해야 하고, 때로는 고통스러운 진실과 직면해야 한다. 그러나 이 과정이야말로 진정한 자유를 향한 첫걸음이다. 나는 조금씩 자신과 나를 마주하는 시간을 가지면서, 이 질문에 대한 답을 찾아나갔다. 그리고 조금씩 타인의 기대에서 벗어나 나만의 기준을 세우기 시작했다. 오아시스 모먼트를 통해 우리는 내가 진정 원하는 것이 무엇인지 발견하게 된다.

나는 무엇을 할 때 가장 행복한가?

내가 정말 원하는 삶의 방향은 무엇인가?

지금까지 나는 어떤 기대에 맞추어 살아왔는가?

오아시스 모먼트를 통해 나는 비로소 삶의 속도를 조절할 수 있었다. 어떤 날은 오롯이 나만을 위해 시간을 보내기도 하고, 좋아하는 활동에 몰두하기도 했다. 놀랍게도 나 자신을 스스로 존중하기 시작하자, 주변 사람들과의 관계도 자연스럽게 변화했다. 이를 통해 내면에서 평화가 시작되면, 그것은 삶 전체에 영향을 미친다는 것을 깨달았다. 나 자신을 받아들였을 때, 주변의 세계도 나를 더 쉽게 받아들였다.

오아시스 모먼트가 나에게 준 가장 큰 선물은 편안함이다. 나 자신으로 존재하는 것이 편안해졌다. 내가 만들어 낸 이상적인 자아, 쫓아야 한다고 믿었던 목표들이 더 이상 부담이 되지 않았다. 더 이상 '완벽한 나'가 되기 위해 노력하지 않는다. 그저 내가 원하는 일을 하며 살아가는 것만으로도 충분하다는 사실을, 조금씩 받아들이기 시작했다.

이 깨달음이 가져다준 자유는 놀라웠다. 그림자를 인정하는 과정은 우리를 진정으로 단단하게 만든다. 나는 더 이상 그림자를 숨기려 하지 않는다. 그림자는 내가 성장하기 위해 반드시 통합해야 할 중요한 자원이기 때문이다. 이제 나는 안다. 그림자를 외면하는 대신 포용함으로써 더 온전한 내가 될 수 있다는 것을. 그 시절이 있었기에, 지금의 나를 더 깊이 사랑할 수 있다는 것을. 그리고 어둠의 시간이 없었다면, 빛과 같은 기쁨을 온전히 누리지 못했을 것이라는 사실을 말이다.

그렇게 해방의 과정을 겪고 난 후, 더 이상 타인의 인정을 바라지 않게 되었다. 중요한 것은 나 자신을 인정해 줄 수 있는가이다. 과거의 나에게 필요했던 건 '충분히 잘하고 있어, 지금으로도 충분해, 힘들면 조금 쉬었다 가도 돼'와 같은 위로와 이해였다. 타인의 인정이 아니라 그저 나의 인정이 필요했다. 타인의 인정을 바라다보면 나의 욕구가 아니라 타인의 눈치를 보며 맞추게 된다. 어색한 가면을 쓰고 그 모습이 나라고 착각을 한다. 그렇게 자신을 속이다 보면 본모습은 생기를 잃고, 스스로 보호하거나 타인에게 맞서 싸우기 위해 다른 감정들로 눈속임을 할지도 모른다.

하지만 타인의 인정은 우리가 통제할 수 없는 영역이다. 우리는 모두 각자 자신의 인생을 살아간다. 부모님의 인생은 부모님의 인생일 뿐, 우리가 부모님의 행복을 대신할 수 없다. 연인도 우리의 행복을 대신해 줄 수도 없다. 타인의 기대를 충족하는 데서 행복을 찾으려고 하는 것은 행복을 타인에게 전가하는 것이다. 그러면 우리는 힘을 잃는다.

우리의 행복은 오로지 자신에게서 시작되어야 한다. 내 안에서 사랑을 찾을 수 있다면, 더 이상 밖에서 사랑을 찾지 않아도 된다. 자신의 욕망에 귀를 기울이는 것은 자신을 사랑하는 첫 단계이다. 내면의 지혜에 조용히 귀 기울이고, 자신의 목소리에 따라 나아갈 때, 우리는 비로소 진정한 삶을 살아갈 수 있게 된다.

내가 겪었던 변화는 혼자만 누릴 수 있는 것이 아니다. 누구든지 오아시스 모먼트를 통해 자신의 길을 다시 찾을 수 있다. 타인의 기대에 맞추어 온 삶의 방식을 멈추고, 내면의 목소리에 귀 기울이는 것만으로도 새로운 길을 발견할 수 있을 것이다.

오아시스 모먼트의 3단계, 'SUN'

멈춰야 비로소 자신을 만날 수 있다. 오랫동안 억눌러 온 그림자를 마주하고, 이해할 수 있게 된다. 외면해 온 내면아이를 만나 따뜻하게 안아줄 수 있다. 그렇게 멈춰서 바라본 끝에 우리는 스스로 억눌러 왔던 가능성과 잠재력을 발견하고, 돌보게 된다.

나는 오아시스 모먼트를 세 단계로 나누어 설명한다. 바로 멈추기(Stop), 이해하기(Understand), 돌보기(Nurture)다. 이 세 단계의 앞 글자를 따서 'SUN'이라 이름 붙였다. 오아시스 모먼트는 단순한 쉼이 아니라, 내 안의 그림자를 비추고, 가능성을 밝히는 과정이기 때문이다.

오아시스 모먼트의 3단계를 정리하면 다음과 같다.

1. 멈추기(Stop) - 자동 조종 모드를 끄고, 내면을 마주하기

2. 이해하기(Understand) - 그림자를 인식하고, 내면아이를 연민으로 수용하기

3. 돌보기(Nurture) - 내 안의 가능성과 밝은 그림자를 키우기

1. 멈추기(Stop)

우리는 대부분의 시간을 '자동 조종 모드'로 살아간다. 아침에 눈을 떠서 출근을 준비하고, 하루 종일 업무에 치여

바쁘게 시간을 보내다가, 저녁이 되면 TV를 보거나 휴대폰을 만지작거리며 하루를 마무리한다. 끊임없는 자극과 외부의 요구에 반응하느라 정작 나 자신과 마주할 시간을 갖지 못한다. 멈춘다는 것은 이 자동 조종 모드를 의식적으로 끄는 행위다.

많은 사람들이 '쉼'을 여행, 친구와의 수다, 취미 활동 같은 외부적인 행위로 채우려 한다. 이런 활동을 통해 일시적으로 기분 전환이 될 수 있다. 하지만 그 순간이 지나면 다시 불안과 공허함이 밀려온다. 왜일까? 그것은 진짜 쉼이 아니기 때문이다.

우리에게 정말 필요한 것은 진짜 나 자신과 만나는 시간이다. 진짜 쉼은 '존재로서의 쉼'이다. 단순히 몸만 쉬는 것이 아니라, 나 자신과 깊이 연결되는 시간을 의미한다. 우리는 바쁜 일상 속에서 자신의 감정과 욕구를 무시하며 살아간다. 하지만 멈추는 순간, 억눌렸던 감정과 욕망이 떠오르기 시작한다. 멈춘다는 것은 그것을 피하지 않고 정면으로 마주하는 것이다.

멈춘다는 것은 아무것도 하지 않는 것이 아니다. 멈춤은 적극적인 행위다. 습관처럼 반복해 온 삶의 패턴을 의식적으로 끊고, 외부가 아닌 내면으로 시선을 돌리는 과정이다.

처음에는 멈추는 것이 어색하고 불편할 수 있다. 바쁘게 움직이던 삶을 갑자기 멈추면, 억눌렀던 감정들이 차오르기 때문이다. 하지만 멈춰야만 나 자신과 다시 연결될 수 있다.

멈춰야 내가 붙잡고 있던 사회적 기준이 보이고, 나를 옭아매던 가치의 조건화가 보이고, 어린 시절부터 나를 규정해온 사슬이 보인다. 멈춰야 사슬을 풀고 자유로워질 수 있다. 어린 시절 우리는 부모님이나 주변 사람들에게 사랑받기 위해 자신과 맞지 않는 행동을 해야 했다. 그 과정에서 자신의 일부를 억누르며 살아왔다. '나는 착해야 해', '나는 뛰어난 사람이 되어야 해', '나는 항상 강해야 해'와 같은 말들로 자신을 끊임없이 몰아세웠다.

멈추지 않으면 우리는 자신을 옭아매는 사슬을 인식할 수 없다. 그렇게 어린 시절부터 내면 깊숙이 새겨진 '조건화된 기준'은 여전히 우리를 몰아세운다. 이러한 무의식적 패턴은 단지 마음의 문제가 아니라, 우리의 뇌가 작동하는 방식과 깊은 관련이 있다.

우리의 뇌는 세 가지 모드로 작동한다. 첫 번째는 '자극 추구 모드'로 새로운 것, 자극적인 것, 보상을 주는 것을 쫓는 상태다. 두 번째는 '위험 회피 모드'로 앞으로 마주할 수 있는 위험을 미리 걱정하고 대비하는 모드이다. 우리는 대부분의 시간을 이 두 가지 모드 속에서 살아간다. 끊임없이 할 일을 만들고, 목표를 쫓고, 미래를 대비하느라 지금의 자신을 돌아볼 여유가 없다. 사회가 제시하는 온갖 자극과 위험에 삶이 흔들린다.

그렇기에 세 번째 모드인 '존재 모드'가 필요하다. 잠시 멈춰서 내가 어디에 있는지 확인하고, 존재로서의 쉼을 가지는 모드이다. 어떤 자극을 추구할 것인지, 어떤 위험을 피할 것인지 의도적으로 정하는 시간이다. 이 세 번째 모드를 의도적으로 사용할 때, 우리는 비로소 삶의 주도권을 되찾을 수 있다.

그러니 지금 잠시 멈춰보자. 자동 조종 모드를 끄고, 내면을 들여다보는 시간을 가져 보자. 멈춤은 두려운 것이 아니라, 진짜 나를 만나기 위한 첫걸음이다.

2. 이해하기(Understand)

오아시스 모먼트의 두 번째 단계는 그림자를 마주하고, 지금까지 쫓아온 기대와 가치들을 이해하는 과정이다. 자신을 연민의 시선으로 바라보고, 내면아이를 있는 그대로 수용하고 안아주는 과정이다. 그림자를 마주할 때, 우리는 종종 자신을 비난하고 싶어진다.

'나는 왜 이렇게 부족할까?'

'나는 왜 이렇게 나약한 걸까?'

하지만 우리가 해야 할 일은 자신을 비난하는 것이 아니라, 따뜻하게 안아주는 것이다. 나에게 친절해지는 것이다. 우리는 자기연민의 시선으로 그림자를 바라봐야 한다. 나에게 이렇게 말하는 것이다.

"나는 네가 나를 안전하게 하고 더 나은 방향으로 이끌어주려고 노력하는 걸 알아. 하지만 너의 날카로운 비판과 가혹한 판단이 지금 나에게 도움이 되지 않아. 오히려 나를 움츠러들게 하고, 내 마음을 지치게 해. 지금 나는 응원이 필요해. 따뜻한 시선이 필요해. 그러니 매섭게 비판하는 것을 멈추어 줘. 지금 너는 나에게 불필요한 고통을 주고 있어."

우리는 살아오면서 타인의 기대에 맞추느라 지쳐 있다. 이제는 그 기대를 내려놓고, 스스로 원하는 삶을 다시 선택할 기회를 주어야 한다. 나 자신에게 하는 말들, 나의 갈망과 욕심들을 있는 그대로 마주하고, 나의 가치대로 선택하는 단계가 바로 이해하기이다.

이해하기의 과정에서 자주 불편함을 느낄 것이다. 감추고 싶었던 그림자를 마주하는 것은 쉽지 않기 때문이다. 하지만 그림자를 인정하는 순간, 우리는 진정한 변화의 문을 열게 된다. 그 문을 열고 나아가는 것은 두렵지만, 그 끝에는 더 큰 자유가 기다리고 있다.

우리는 상처받은 내면아이를 만나야 한다. 그동안 무시했던 감정과 욕구를 들어주고 공감해 주며 인정해 줘야 한다. 오랫동안 외면당했던 내면아이는 여전히 그 자리에서 어린 시절의 감정과 상처를 안고 있다. 이제는 그 아이의 이야기를 들어줄 차례다. 내면아이에게 다가가 이렇게 말해 주자.

"넌 있는 그대로도 충분해."
"완벽하지 않아도 괜찮아."
"네가 원하는 걸 해도 돼."

내면아이를 보듬어 주면 비로소 자신과 더 깊이 연결될 수 있다. 그다음으로 해야 할 일은 내 안에 숨겨진 재능과 욕망을 다시 찾는 것이다. 그림자를 무작정 없애는 것이 아니라, 그 안에서 가능성을 발견하는 것이다.

3. 돌보기(Nurture)

 이해하는 것만으로는 충분하지 않다. 그림자라고 하면 보통은 억눌린 상처나 부정적인 감정을 떠올린다. 하지만 그림자는 단순히 어두운 부분에만 국한되지 않는다. 융은 우리가 충분히 인식하지 못하거나 인정하지 못하는 '밝은 그림자'도 존재한다고 말했다.

 밝은 그림자는 우리가 간과했던 우리의 능력, 우리가 두려워했던 가능성, 그리고 이루어야 한다고 믿지 못했던 꿈의 일부다. 밝은 그림자는 나의 '숨겨진 재능'과 '잠재력'이다. 하지만 우리는 스스로 그 가능성을 인정하지 못하거나, 타인의 기준에 따라 억누르며 살아왔다.

 "나는 원래 리더십이 없어."

 "나는 창의적인 사람이 아니야."

 "나는 원래 사람들 앞에 서는 걸 못 해."

 정말 그런가? 그것이 당신의 모습 전부인가? 어쩌면 두려움 때문에 자신의 가능성을 외면해 온 건 아닐까? 밝은 그림자를 인정하고 빛으로 나아가는 것, 두려움을 넘어 나의 가능성을 다시 써 내려가는 것. 이것이 바로 '돌보기'의 핵심이다. '돌보기'는 단순한 위로가 아니라, 자기 존재에 대한 재선언이다. 상처를 덮는 것이 아니라, 그

너머에 있는 잠재력에 눈뜨고, 자신의 정체성을 더 넓게 확장하는 일이다.

마지막 단계는 우리가 잊고 살았던 내면의 빛, 즉 밝은 그림자를 다시 만나는 것에 관한 이야기다. 우리 내면의 빛은 사라지지 않는다. 단지 우리가 외면했을 뿐이다. 3단계에서는 우리가 왜 자신의 밝은 면을 부정하게 되었는지, 그 밑에 자리한 역기능적 신념들이 무엇인지, 그리고 어떻게 하면 그것을 해방할 수 있는지를 천천히 짚어갈 것이다. 우리는 다음과 같이 질문해 보아야 한다.

나는 나의 어떤 재능을 억압하고 있는가?
누군가의 칭찬 앞에서 뒷걸음질 치는 이유는 무엇인가?
나를 가로막고 있는 신념이 정말 진실일까?

우리는 자신의 이야기를 다시 쓸 수 있다. 과거의 서사를 반복하며 살아가는 것이 아니라, 나의 정체성을 새롭게 선언하고 삶의 방향을 분명하게 바꿀 수 있다. 정체성은 고정된 것이 아니다. 반복되는 작은 행동들, 매일의 사소한 선택들, 자신에게 건네는 다정한 한마디가 모여 나의 정체성이 된다. 정체성 루틴을 통해 스스로 '빛을 돌보는 사람'으로 길들일 수 있다. 매일 짧은 글을 쓰고, 감정을 말로 표현하고, 내면의 진심을 나누는 작은 실천은 우리의 가능성에 햇살과 물을 주는 일이다.

그렇게 우리는 더 이상 타인의 기대에 맞춰 살아가지 않는다. 나만의 방식으로, 나만의 속도로, 진짜 내가 원하는 방향을 따라 자신을 이끌어간다. 그리고 그 여정의 한가운데, 오아시스가 있다.

이제, 당신만의 오아시스를 찾을 준비가 되었는가? 다음부터 이어지는 세 개의 장에서 각 단계를 하나씩 깊이 탐구할 것이다. 바쁘게 흘러가는 일상 속, 잠시 서서 고요한 내면의 문을 열어보자. 그 문 너머에는, 지금껏 잊고 지냈던 '진짜 나'가 조용히 숨 쉬고 있을지도 모른다.

3장 의도적으로 멈추기

OASIS MOMENT

진정한 삶은 과거도 미래도 아닌,
지금 이 순간에 있다.

- 에크하르트 톨레

자동 조종 모드에서
깨어나기

마음의
세 가지 모드

우리는 무언가에 쫓기듯 하루를 시작한다. 잠에서 깨자마자 습관적으로 스마트폰을 켜고, 새로운 메시지와 SNS 피드를 확인하며 무언가를 놓치지는 않았는지 불안한 마음으로 하루를 맞이한다. 그러는 사이 내면에서는 이미 두 가지 자동 조종 모드 사이를 오가기 시작한다. 새로운 자극과 즐거움을 찾기 위한 '자극 추구 모드'를 작동시키고, 위험을 피하고 문제를 방지하기 위한 '위험 회피 모드'를 작동시킨다. 이 두 가지 모드는 마치 자전거의 페달처럼 서로 맞물려 돌아가며 우리의 하루를 이끈다. 문제는 이 두 가지 모드가 우리의 의식적인 선택이 아니라 무의식적인 자동 조종 시스템으로 작동한다는 점이다.

1. 자극 추구 모드

자극 추구 모드는 욕구를 부추기는 힘이다. 더 맛있는 음식, 더 흥미로운 영상, 더 높은 성취와 인정 등 삶에서 더 좋은 것을 찾아 끊임없이 움직이게 한다. 이 과정에서 뇌에서는 도파민이라는 신경전달물질이 분비된다. 도파민은 보상을 기대하거나 성취했을 때 짜릿한 쾌감과 흥분을 일으킨다. 마치 좋은 소식을 기다리듯 스마트폰의 알림 소리에 민감하게 반응하고, SNS의 좋아요 숫자에 흥분하거나 좌절하는 이유가 바로 여기에 있다. 하지만 자극 추구 모드가 지나치게 강해지면 항상 더 강한 자극을 찾게 된다. 조금이라도 지루하거나 정체되는 순간이 찾아오면 견디기 힘들어하고, 더 강한 자극만을 찾으며 끊임없이 새로운 것을 소비하려 한다.

물론 자극 추구 모드의 긍정적인 측면도 있다. 목표를 이루기 위해 노력하는 것은 삶에서 중요한 일이고, 성장과 발전을 위한 필수 동력이기도 하다. 하지만 이 모드에만 갇혀 있다 보면 현재를 온전히 즐기지 못하게 된다. 지금 이 순간을 충분히 누리지 못하고 '더 나은 것'을 찾아 헤맨다. 늘 부족하다는 감각에 시달리고, 더 많은 것을 추구해야 한다는 압박에 시달린다. 이 상태에서는 현재에 대해 만족하기 어렵다.

[자극 추구 모드의 신호들]
- '이거 꼭 해야 해!'라는 강박
- 성취해도 만족감이 오래가지 않음
- 항상 다음 목표를 설정해야만 안심됨
- SNS, 쇼핑, 미디어 소비를 멈추기 어려움

2. 위험 회피 모드

그러나 이러한 흥분과 즐거움은 어느새 불안으로 바뀐다. 중요한 이메일을 놓치진 않았는지, 혹시 나에 대한 부정적인 평가가 올라오진 않았는지, 곧 있을 미팅에서 실수하지 않을지 등 다양한 불안과 걱정들이 밀려온다. 자극 추구 모드는 현실의 위협 앞에서 순식간에 '위험 회피 모드'로 전환된다.

위험 회피 모드는 우리를 보호하기 위한 본능적 시스템이다. 인간은 생존을 위해 위험을 빠르게 감지하고 이를 회피하도록 진화해 왔다. 이 모드가 작동하면 불안이나 두려움, 분노 같은 감정이 과도하게 활성화되면서 몸에 즉각적인 신호를 보내 위험을 회피할 수 있도록 만든다. 덕분에 과거의 인간은 야생에서 포식자로부터 도망치고 생존 확률을 높일 수 있었다.

하지만 현대 사회에서 위험 회피 모드는 '실패하지 않기 위해', '실수하지 않기 위해', '거절당하지 않기 위해' 지나치게 작동하면서 항상 긴장하고 경계하도록 만든다. 이메일이나 메시지 하나를 보내면서도 혹시 실수가 있지 않을까 걱정하며 몇 번이고 확인하게 되고, 발표를 앞두고는 완벽하지 않으면 어쩌나 하며 초조해진다. 작은 실수 하나가 나의 가치를 결정할 것만 같은 불안감이 엄습한다.

문제는 위험 회피 모드가 과도하게 작동하면 삶이 점점 위축된다는 것이다. 작은 불안에도 과하게 반응하면서 자신의 가능성을 제한하게 된다. '이건 나한테 너무 어려운 일이야', '실패하면 어떡하지?', '괜히 도전해서 실패하느니 안전한 길을 가겠어'라는 생각이 드는 것이다.

[위험 추구 모드의 신호들]

- 걱정과 불안이 많음(특히 미래에 대한 걱정)
- 실수하면 안 된다는 압박감
- 사람들의 반응을 지나치게 신경 씀
- '어차피 해도 안 될 거야'라는 생각이 듦

우리는 두 가지 모드 사이에서 끝없이 흔들리며 살아간다. 자극을 찾아 헤매면서도, 이와 동시에 실패를 두려워하며 위축된 삶을 사는 것이다. 이 두 가지 자동 조종 모드는 우리를 점점 지치게 만든다. 조금이라도 빈틈이 생기면 불안해졌다가도, 또다시 지루함을 견디지 못하고 새로운 자극을 찾는다. 아니면 다가오지도 않은 위험을 미리 걱정하며 마음이 분주해진다. 하루 종일 무언가를 쫓거나, 반대로 피하려고 애쓰면서 몸과 마음은 점점 소진된다.

아침에는 자극을 찾아 SNS를 뒤적이다가, 낮에는 업무 스트레스로 인해 불안해지고, 저녁이 되면 지친 상태로 더 자극적인 것을 찾아다니며 하루를 마무리한다. 이렇게 끊임없이 휩쓸리다 보면, 삶은 늘 바쁘게 흘러가지만 정작 내가 어디로 가고 있는지조차 알지 못하게 된다. 이런 상태가 지속되면 점점 내면의 에너지를 잃게 되고, 마침내는 정신적·감정적 소진 상태인 번아웃에 빠지게 된다.

3. 존재 모드

이런 자동 조종 상태에서 벗어나기 위해 필요한 것이 바로 세 번째 모드인 '존재 모드'이다. 존재 모드는 자극 추구나 위험 회피와는 근본적으로 다른 방식으로 작동한다. 자극 추구와 위험 회피가 무의식적으로 작동하는 자동 시스템이라면, 존재 모드는 의식적인 선택을 통해 시작된다. 즉 우리의 '의도'가 있어야 작동할 수 있다. 존재 모드에서는 더 이상 무언가를 추구해야 한다는 강박도, 피해야 할 위험도 없다. 대신 지금 이 순간의 나 자신과 온전히 연결된다. 현재의 나를 있는 그대로 느끼고 바라보게 된다. 외부의 소음에서 벗어나, 내면의 고요함 속에서 진짜 감정과 욕구를 들여다보게 된다.

존재 모드는 만족감과 깊은 평온함, 그리고 세상과의 연결감을 느끼도록 해 준다. 예를 들어, 바쁜 일과를 잠시 멈추고 따뜻한 차 한 잔의 향기와 맛을 온전히 음미할 때, 우리는 존재 모드로 들어갈 수 있다. 이 순간 우리는 더 이상 무언가를 이루어야 한다는 압박감이나 불안에서 벗어나, 지금 여기 존재하는 나를 충분히 느끼고 경험할 수 있다. 이 잠깐의 멈춤이 내면에 잠재된 회복력과 평온함을 깨워주는 열쇠가 된다.

우리가 원하는 삶은 자동적으로 흘러가는 삶이 아니라, 의식적으로 선택하고 균형을 맞추며 살아가는 삶이다. 삶의 중심에 존재 모드를 둘 때, 우리는 자극과 위험에 휘둘리지 않고 오히려 필요할 때 활용할 수 있다. 그렇게 될 때, 비로소 진정한 삶의 의미와 행복을 찾을 수 있다.

[존재 모드의 특징]

- 지금 이 순간을 충분히 느낄 수 있음
- 불안이나 조급함보다 평온함이 중심
- 나에게 따뜻한 시선과 친절을 보냄
- 지금 이대로도 충분하다는 감각

심리학자 폴 길버트(Paul Gilbert)는 영국의 임상심리학 교수로 자기연민과 마음챙김을 활용한 심리치료를 연구하고 있다. 그는 인간의 뇌 속에 세 가지 유형의 정서 조절 모드가 있으며, 이 모드를 통해 생물학적 욕구와 사회적 목표를 달성한다고 말한다. 지금까지 살펴본 자극 추구 모드, 위험 회피 모드, 그리고 존재 모드가 그 세 가지 정서 조절 모드다. 길버트는 마지막 모드를 '돌봄 모드'라고 표현하지만, MBCT(마음챙김을 기반으로 한 인지치료)에서는 이를 '존재 모드'라고 부른다. 이 책에서도 해당 표현이 더 본질을 드러낸다고 생각하여 '존재 모드'로 표현하였다.

자동 조종을 멈추고, 존재 모드로 들어가기

중요한 것은 이 세 가지 모드가 균형을 이뤄야 한다는 것이다. 의식하지 않으면 자극 추구 모드와 위험 회피 모드만 과도하게 활성화되고, 존재 모드는 점점 작아진다. 현대 사회는 자극과 불안을 계속해서 조성한다.

"더 많이 성취해야 해."

"더 멋진 삶을 살아야 해."

"더 많은 걸 가져야 행복할 수 있어."

미디어는 우리가 성취해야 할 것들을 끊임없이 보여준다. 아름다움, 성공, 명성, 돈, 외제차, 화려한 라이프스타일을 추구하면 더 행복할 것이라 말한다. 한편으로는 온갖 위험에 대해 경고한다. 조심하지 않으면, 광고하는 물건을 사지 않으면 위험해질 것이라고 경고한다.

"준비하지 않으면 뒤처질 거야."

"이것을 하지 않으면 불행해질지도 몰라."

"저축을 하지 않으면, 노후에 큰일 날 거야."

이러한 메시지는 우리의 편도체를 끊임없이 자극하며 불안을 키운다. 실제로 뇌과학자들은 자극 추구 모드와 위험 회피 모드가 모두 신경계의 교감신경을 과도하게 활성화시켜 뇌와 몸을 항상 긴장 상태로 몰아간다고 말한다. 결국 우리는 자동 조종 모드에 빠져 자극과 위험 사이에서 부족한 것을 채우기 위해 달리거나, 실패를 피하기 위해 긴장하며 살아간다.

그래서 우리는 의도적으로 멈춰야 한다. 존재 모드를 활성화하기 위해, '지금 여기'에 머무는 연습이 필요하다. 존재 모드는 신경계의 부교감신경을 자극하며 뇌를 진정시키는 모드다. 자극과 위험 사이에서 끊임없이 긴장했던 뇌가, 비로소 쉼을 배우게 된다. 존재 모드에서는 판단이나 분석 없이, 현재를 있는 그대로 받아들이는 감각을 열어 준다. 산타클라라 대학의 상담심리학 교수 샤우나 샤피로(Shauna L. Shapiro)는 《마음챙김》에서 이렇게 말한다. "마음챙김

수행은 길들여진 과거와 습관화된 패턴에서 우리를 해방시켜준다." 또한 현대 마음챙김의 창시자인 존 카밧진(Jon Kabat-Zinn)은 이렇게 말한다. "마음챙김은 '다르게 되려고 하지 않는 것'이다. 지금 이 순간, 자신을 있는 그대로 받아들이는 연습이다."

즉, 존재 모드는 지금, 여기에 머물며 내 마음을 휘젓고 있는 수많은 감정과 생각을 있는 그대로 바라보는 것이다. 내 안에서 밀려오는 욕망과 불안, 자극과 위험, 감각들을 바꾸지 않고 있는 그대로 관찰하는 것이다.

예를 들어, 카페에 앉아 커피를 마시는 순간을 떠올려 보자. 자극 추구 모드가 작동하면 우리는 다음과 같은 생각들을 한다. '오늘 뭐 하지?' '내일 일정 확인해야 하는데.' '다음 목표도 세워야하는데.' 한편, 위험 회피 모드가 작동하면 마음은 불안으로 향한다. '내일 발표에서 실수하면 어떡하지?' '오늘 늦잠 자서 일정이 다 꼬였어. 나는 왜 이럴까?' '혹시 내가 한 말이 누군가에게 불쾌하게 들렸을까?'는 생각들로 우리의 마음은 계속해서 분주하다.

하지만 이때 존재 모드로 전환하면, 우리는 그 순간을 온전히 경험할 수 있다. 지금 마시는 커피의 따뜻함을 느낄 수도, 잔잔하게 들려오는 음악에 귀 기울여 들을 수도 있다.

지금 여기에 머물며, 감각을 통해 현실과 다시 연결된다. 커피의 온도, 향기, 음악, 햇살을 음미하는 그 순간 우리는 생각이 아닌 경험의 중심으로 들어간다. 마음은 평온해지고, 신경계는 안정되며, 우리는 자신에게 이렇게 속삭일 수 있게 된다.

"지금 이대로도 충분해."
"오늘도 충분히 잘했어."
"나는 나를 믿어."

> **[Tip] 존재 모드를 일상에 적용하는 방법**
>
> 에크하르트 톨레는 "현재 이 순간이 당신이 가진 전부라는 것을 깊이 깨달아야 한다. 지금을 당신 삶의 중심으로 삼아라."라고 말한다. 의도적으로 멈춰서 존재 모드로 들어가 보자. '지금 여기'에 존재하고 있는 나를 느끼는 것이다.
>
> 아래의 작은 실천들이 바쁜 일상 속에서도 '존재 모드(being mode)'로 들어가는 문이 되어 줄 것이다.

- 하루에 한 번, 멈추는 연습하기
- 깊이 호흡을 하며 나의 현재 상태 관찰하기
- 지금 나의 몸이 불편한 곳은 없는지 물어보기
- '나는 지금 어떤 감정을 느끼고 있는가?' 물어보기
- 저항하지 말고 감정을 있는 그대로 받아들이기
- 감각을 깨우는 시간 만들기
- 커피를 마실 때 향과 온도를 음미하기
- 산책을 하면서 발바닥이 땅에 닿는 느낌을 인식하기
- 샤워할 때 물이 피부에 닿는 감각을 느끼기
- 자기연민을 연습하기
- 힘든 하루를 보낸 나에게 따뜻한 말을 건네기
- 스스로 비난하는 대신, 이해하고 격려하기
- 자신에게 '고생했어, 충분히 잘하고 있어'라고 말해주기

가짜 쉼에서
진짜 쉼으로

멈추지 못하는
사람들

쉴 때도 불안해하는 사람들이 많다. 오랜만에 시간을 내어 쉬다가도 '이렇게 시간을 허비해도 괜찮을까?', '지금 이러고 있을 때가 아닌데'와 같은 생각들이 불쑥 떠오른다. 결국 스마트폰을 만지작거리거나, TV를 틀어놓고 무의미하게 시간을 보낸다. 가끔은 아무 생각 없이 SNS를 스크롤하다가 시간이 훌쩍 지나가 버린다. 문득 '나는 분명히 쉬고 있는데, 왜 이렇게 피곤하지?'라는 의문이 든다.

어떤 사람은 쉴 틈조차 없이 일에 파묻혀 산다. 또 어떤 사람은 쉴 때조차 도망치듯이 쉰다. 밀린 잠을 몰아서 자거나, 가만히 있지 못하고 끝없이 약속을 잡아 바쁘게 움직이거나, 어디론가 여행을 떠난다. 하지만 이런 방식으로 쉰다고 해서 마음이 가벼워지는 것은 아니다. 몸은 잠시 쉬었을지 몰라도 마음은 여전히 긴장하고 있기 때문이다. 쉬어도 그리 개운하지 않고, 일상으로 돌아오면 다시금 지쳐버린다. 결국 끝없이 '해야 할 것'에 쫓기며 살아간다.

그런데 정작 멈추려 하면, 두려움과 불안이 고개를 내민다. '지금 쉬면 뒤처지는 거 아닐까?' '아무것도 이루지 못하고 시간만 낭비하는 건 아닐까?'는 생각들이 우리의 발목을 잡는다. '멈춤'을 결심하기가 쉽지 않다. 결국 다시 어제와 똑같은 패턴으로 돌아간다.

어떤 사람은 '쉰다'는 이유로 하루 종일 유튜브를 보며 시간을 보낸다. "나는 푹 쉬었어."라고 말하지만, 실제로는 뇌가 끊임없이 자극을 받아 피곤한 상태가 되어버린다. 또 어떤 사람은 '건강한 휴식'을 해야 한다는 강박에 빠져 운동 스케줄을 빼곡하게 채워 넣고, 생산적인 독서를 하며 끊임없이 자기계발을 한다. 겉으로 보기엔 열심히 '나를 위한 시간'을 보내는 것 같지만, 마음 깊숙한 곳에서는 여전히 '더 나은 내가 되어야 한다'는 압박이 자리 잡고 있다. 결국 그 쉼은 진짜 쉼이 아니라, 또 다른 형태의 경쟁이 되어버린다.

또 어떤 사람은 스스로를 벌주듯이 쉰다. '나는 아직 그럴 자격이 없어.' '지금은 쉬면 안 돼.' 그렇게 자꾸만 일로 자신을 몰아세우며 쉬는 것 자체에 죄책감을 느낀다. 결국 잠깐의 휴식조차 자신에게 허락하지 못한 채, '번아웃'이 올 때까지 달리고 만다.

이처럼 우리는 쉰다고 하면서도 제대로 쉬지 못한다. 몸을 눕히면서도, 마음은 쉬지 못한다. 눈을 감았지만, 생각은 쉴 새 없이 떠오른다. 그렇게 쉼을 가장한 소진의 반복 속에서 우리는 진짜 회복을 잃어버렸다.

멈춤, 삶을 마주하는 용기 있는 연습

우리는 멈춤을 배워야 한다. '멈춘다'라는 말은 쉽지만, 막상 해 보면 생각보다 어렵다. 우리는 잠깐의 휴식을 취할 때조차 무언가를 하려 한다. 쉰다고 하면서도 책을 읽거나,

유튜브를 보거나, SNS를 확인하며 시간을 채운다.

우리는 늘 어떤 식으로든 움직이는 것에 익숙해져 있다. 아무것도 하지 않으면 어색하고, 텅 빈 느낌이 들며, 왠지 모르게 불안해진다. 현대인들에게 '아무것도 하지 않는 것'에 대한 불편함은 아주 흔한 현상이다. 하지만 조금 더 자세히 들여다보면, 이 불편함은 단순히 무료함에서 오는 것이 아니다. 그것은 멈추었을 때 비로소 마주하게 되는 '나 자신'에 대한 불편함에서 온다.

우리는 일상 속에서 끊임없이 자극을 찾으며 살아간다. 스마트폰 알림이 뜨면 바로 확인하고, 틈만 나면 SNS를 들여다보며, 일을 끝내고도 또 다른 할 일을 찾는다. 바쁘게 움직이다 보면 순간순간 올라오는 불안과 공허함이 덜 느껴지기 때문이다. 하지만 그러한 감정들은 사라지는 것이 아니라, 단지 묻혀 있다가 다시 떠오르는 것일 뿐이다. 결국 아무리 바쁘게 살더라도 자신과 온전히 마주하지 못하면 무언가 해결되지 않은 느낌에 사로잡히게 된다.

멈춘다는 것은 결코 실패나 게으름을 의미하지 않는다. 오히려 자신을 다시 세우기 위한 첫걸음이고, '내가 진짜 원하는 삶이 무엇인지' 알아볼 기회를 갖는 일이다. 길을 잃어버린 채 자동 조종 모드로 달리는 대신, 잠깐 지도를 펼쳐 내가 어디에 있는지 확인하는 것이다. 멈추는 것은 실패나 후퇴가 아니다. 오히려 '나 자신의 삶을 주도적으로 선택하겠다'라는 의식적 선언에 가깝다.

멈춘다는 것은 단순히 아무것도 하지 않는 것이 아니다. 그것은 지금까지 외면해 왔던 나의 감정과 생각을 있는 그대로 마주하는 일이다. 바쁘게 움직일 때는 보이지 않던 감정들이 멈추는 순간 선명하게 드러난다.

나는 지금 어떤 감정을 느끼고 있는가?
무엇이 나를 지치게 만들었는가?
나는 무엇을 원하는가?

이러한 질문에 피하지 않고 답하는 것. 그것이 진정한 멈춤이다.

가짜 쉼의 유혹1,
경험적 회피

우리는 쉬고 싶을 때 소파에 누워 좋아하는 영상을 보며 시간을 보낸다. 하지만 다시 일상으로 돌아갈 때쯤이면 이상하게도 몸이 더 무겁고 머리는 더 멍해진 느낌이 든다. 쉬었는데도 개운하지 않고 오히려 더 피곤한 기분이 든다. 왜일까?

쉼에는 두 가지가 있다. 가짜 쉼과 진짜 쉼. 가짜 쉼은 몸을 쉬게 하지만, 마음을 쉬게 하지 않는다. 우리는 쉴 때조차 자극을 추구하고, 끊임없이 무언가를 채우려고 한다. 예를 들어, 스트레스를 풀기 위해 폭식하거나 드라마를 몰아보거나 밤새 게임을 하는 것 등이다. 이런 행동들은 순간적으로 우리를 즐겁게 만들지만, 그 시간이 지나고 나면 다시 피로감과 공허함이 밀려온다. 왜냐하면 쉬는 동안에도 마음은 계속해서 무언가에 쫓기기 때문이다.

가짜 쉼의 특징은 쉰 후에도 여전히 지치고 불안하다는 것이다. 몸은 쉬었을지 몰라도, 마음은 쉬지 못하기 때문이다. 오히려 더 많은 자극을 받고, 더 많은 정보에 노출되며, 더 많은 감정적 소모를 경험한다. 그렇게 시간을 보내고 나면 다시 원점으로 돌아온다. 쉰다고 생각했지만 사실은 더 소진된 것이다.

가짜 쉼의 대표적인 형태가 바로 '경험적 회피'이다. 경험적 회피란 생각, 감정, 신체 감각과 접촉하지 않으려는 시도이다. 우리는 불편한 감정이 올라오면 그것을 피하려고 한다. 걱정이 밀려오면 유튜브 영상을 보며 머리를 비우려 하고, 외로움이 느껴지면 SNS를 열어 다른 사람들의 삶을 엿본다. 하지만 이러한 회피는 일시적인 도피일 뿐, 감정을 해소하지는 못한다. 불안은 해결되지 않고 오히려 더 커질 뿐이다.

경험적 회피에 사로잡히면 삶의 소소한 아름다움이나 기쁨을 느끼지 못하게 된다. 단순한 행복보다는 아무 생각이 들지 않는 상태를 원하게 된다. 회피가 반복될수록 우리의 세계는 점점 더 좁아지고, 시야는 흐려지며, 선택의 폭은 제한된다. 우리는 존재 모드로 들어가는 것이 두려워서 자꾸만 행위에 몰입한다. 끊임없이 무언가를 해야만 하고, 무언가를 가져야만 한다고 믿는다. 그리고 '무엇을 하면 불안이 사라질 거야', '이걸 가지면 나는 멋진 사람이 될 거야'와 같은 생각들이 우리를 조급하게 만든다. 하지만 경험적 회피는 쉼이 아니다. 그것은 행위 중독일 뿐이다.

진짜 쉼은 우리를 가볍게 한다. 진짜 쉼은 무언가를 하거나, 얻지 않아도 지금 이 순간 자신이 충분한 존재라는 것을 느끼게 한다. 우리는 진짜 쉼으로 나아가야 한다.

가짜 쉼의 유혹2,
도피로서의 쉼

나는 멈추는 것을 두려워했다. 쉬지 않고 달리기만 했다. 더 나아져야 한다는 압박 속에서, 더 열심히 해야 한다는 불안 속에서, 자신을 쉴 틈 없이 몰아붙였다. 하지만 아무리 노력해도 내 안에는 부족하다고 말하는 목소리가 있었다. 그렇게 지칠 대로 지친 어느 날 결심했다.

'떠나야겠다.'

어딘가로 훌쩍 떠나 푹 쉬면, 이 공허함도 사라지고, 새로운 활력이 생길 거라 생각했다. 따듯한 햇살과 푸른 바다, 아무런 걱정 없이 보내는 나날이 나를 다시 충전시켜 줄 거라 기대했다. 그렇게 나는 고생한 자신에게 보상이라도 주듯이 한 달간 떠나기로 했고, 이를 '안식월'이라 불렀다.

발리는 모든 것이 완벽했다. 따뜻한 바람, 끝없이 펼쳐진 바다, 여유로운 사람들, 느긋한 분위기까지. 아무것도 하지 않아도 되는 시간을 만끽했다. 요가를 하고, 서핑을 하며, 하루를 느긋하게 보내기도 했다. 하지만 여행의 끝이 다가올수록 마음 한구석이 점점 무거워지기 시작했다. 현실로 돌아가야 할 시간이 점점 가까워지고 있었다. 공항에서 비행기를 기다리며 생각했다.

'한국으로 돌아가면, 이번에는 좀 다를까?'

하지만 현실로 돌아온 나는 다시금 공허함과 불안함을 마주해야 했다. 발리의 따뜻한 햇살과 여유로운 분위기는 사라졌고, 익숙한 일상이 다시 나를 휘감았다. 여행은 결코 일상이 될 수 없었다. 현실에는 여전히 책임과 불안, 자기 비난이 기다리고 있었다.

우리는 종종 '떠남'을 쉼이라 착각한다. 어딘가로 훌쩍 떠나기만 하면, 모든 문제가 해결될 것처럼 느껴지기 때문이다. 사람들이 여행에 환호하는 이유는 일상을 떠나 비일상의 시간을 만끽할 수 있기 때문일 것이다. 여행은 잠깐의 자유와 해방감을 안겨주지만, 결국 돌아와야 하는 시간은 반드시 온다. 도피로서의 쉼은 마치 신기루를 쫓는 것과 같다. 잠시 갈증을 해소할 수 있을 것 같지만, 막상 손을 뻗으면 아무것도 잡히지 않는다.

도피로서의 쉼이 한계를 가지는 이유는 간단하다. 그것은 외부에서 찾는 해결책이기 때문이다. 나는 현실에서 벗어나고 싶었다. 나 자신이 마음에 들지 않았고, 지금의 삶이 답답했다. 그래서 떠나고 싶었다. 하지만 아무리 멀리 가도, 자신과의 관계는 그대로였다. 여행이 아무리 완벽해도, 돌아온 후의 나는 전과 다르지 않았다. 결국 근본적인 문제의 원인과 마주하지 않은 채, 단순히 도망치고 있었던 것이다.

나는 한 달간의 안식월을 통해 진정 무엇을 원했던 것일까? 여행이 내 인생을 완전히 바꿔놓을 거라 기대했던 걸까? 아니면 현실에서 눈을 감고 싶었던 것일까? 돌이켜보면, 나는 불편한 감정을 피하고 싶었다. 내 안에 있는 불안, 두려움, 답답함을 마주하기 싫어서, 아무 생각을 안 해도 되는 곳으로 피한 것이다.

여행이 끝나고 나서야 나는 깨달았다. 내 여행은 '경험적 회피'였다. 내면의 불안과 마주하지 않고, 일시적으로 그것을 덮어두려 했다. 여행이 끝난 후에도 내 안은 여전히 텅 비어 있었고, 쉬었다고 생각했지만 사실은 더 지쳐 있었다. 여행 후에도 해결되지 않은 답답함에 나는 질문을 던졌다.

'왜 휴식을 취하고 왔음에도 지쳤다고 느낄까?'

'왜 현실로 돌아온 후에도 여전히 공허함과 불안감을 느낄까?'

'여행이 해결책이었다면, 돌아온 후의 삶은 좀 더 나아져야 하지 않을까?'

나는 쉼을 '해야 할 일로부터 벗어나는 것'으로 여겼다.

하지만 이제는 안다. 쉼은 도망이 아니라, 무너진 균형을 다시 찾는 것이다. 좋은 쉼은 나를 무언가로부터 떼어놓는 대신, 나 자신과 더 가깝게 연결해 준다.

우리는 흔히 쉼을 '일과 완전히 분리된 상태'로 생각하는 경향이 있다. 여행, 휴가, 아니면 그저 침대에 누워 아무것도 하지 않는 시간처럼. 물론 그 모든 것들은 쉼의 일부일 수 있다. 하지만 진짜 쉼은 단순히 도망치는 것이 아니다. 진짜 쉼은 에너지를 나 자신에게 돌려주고, 다시 삶의 중심에 서게 만드는 시간이어야 한다.

진짜 쉼이란 무엇인가

진짜 쉼은 경험적 회피나 도피가 아니다. 진짜 쉼은 존재로서의 쉼이다. 단순히 몸과 마음을 쉬게 하는 것을 넘어, 내면의 에너지를 충전하고 재정비하는 과정이다. 외부의 자극에 의존하지 않고, 나 자신과 연결하며 내면의 목소리를 듣는 시간이다.

진짜 쉼은 지금 느끼는 감정과 나를 둘러싼 현실을 외면하지 않고, 있는 그대로 바라보는 것이다. '이 감정은 불편하니까 사라져야 해'라고 생각하는 것이 아니라, '아, 지금 내가 불안함을 느끼고 있구나'라고 인정하는 것이다.

진짜 쉼은 몸뿐만 아니라 마음까지 쉬는 것이다. 진짜 쉼을 경험하면, 더 이상 무언가를 채우려고 애쓰지 않는다. 대신, 현재 이 순간을 온전히 느끼기 시작한다. 멈추어도 불안하지 않고, 아무것도 하지 않아도 괜찮다는 깊은 안정감이 찾아온다.

진짜 쉼을 가지려면 앞서 말한 '존재 모드'로 전환해야 한다. 존재 모드는 그저 있는 그대로를 경험하는 것이다. 이 순간, 어떤 성취도 필요 없고, 무언가를 증명할 필요도 없다. 그저 '나는 지금 여기에서 충분하다'는 느낌이 자연스럽게 찾아오는 상태이다. 마음챙김 명상이나 깊은 호흡을 할 때 느끼는 평온함이 바로 여기에 해당한다.

존 카밧진은 의도적으로 존재 모드로 들어가는 것에 대해 다음과 같이 말한다. "의도를 명확히 함으로써 우리는 일상적인 자동 조종 모드에서 깨어나고, 무엇이 중요한지에 집중할 수 있게 된다. 마음챙김의 취지는 우리의 삶이 일상적으로 계속되는 행위(doing)의 바닷속에 빠져 있기 때문에 모든 행위를 멈추는 시간, 즉 존재(being)의 섬을 마련해 보자는 것이다."

우리는 너무 오랫동안 행위 모드에 익숙해져 왔다. 끊임없이 무언가를 해야 하고, 더 나아져야 하며, 앞서가야 한다는 압박 속에서 살아왔다. 그러나 존재 모드에서는 더 이상 나아지지 않아도 괜찮다. 지금 그대로의 나로 존재해도 충분하다. 우리는 고통받는 나, 슬퍼하는 나, 분노하는 나를 바라보고 허용해 줄 수 있어야 한다. 그런 내 모습에 대해 자책하거나 판단하지 않고, 있는 그대로 바라봐 주고 다독여 주는 것이다. 그곳에서 우리는 비로소 우리의 모든 부분을 수용할 수 있게 된다. 내 감정을 억누르거나 없애려 하지 않고 그저 '그래, 지금 이런 마음이구나', '지금 이런 생각을 하고 있구나' 하고 부드럽게 안아주는 것이다. 그것이 진짜 쉼의 본질이며, 존재 모드가 우리에게 가르쳐주는 태도이다.

이제 존재 모드로 들어가는 데 도움을 주는 '흐르는 시냇물에 나뭇잎 띄우기'라는 명상을 소개하려 한다. 이 명상은 떠오르는 생각과 감정을 억지로 없애려 하지 않고, 자연스럽게 흘러가도록 허용하며 관찰하는 연습이다. 진짜 쉼을 누리고 싶다면 일상 속에서 잠시 5분만 시간을 내어 당신의 내면을 들여다보는 시간을 가져보자.

[실습 1] 나뭇잎 띄우기 명상

편안한 자세로 앉아 눈을 감는다. 천천히 깊게 숨을 들이마시고 내쉬며, 천천히 흐르는 맑고 투명한 시냇물을 마음속에 그린다. 시냇물 주변에는 울창한 나무들이 있고, 물줄기는 부드럽게 돌과 바위를 돌아 계곡을 따라 아래로 흘러간다. 어느 순간, 커다란 나뭇잎 하나가 바람을 타고 시냇물 위로 떨어져 천천히 떠내려간다. 햇빛이 따스하게 비추는 평온한 오후, 당신은 이 아름다운 시냇가에 편안히 앉아 나뭇잎이 물 위를 따라 흘러가는 모습을 조용히 바라본다.

이제 천천히 마음속에서 일어나는 생각들을 의식해 본다. 떠오르는 생각이 있다면, 그 생각을 나뭇잎 위에 부드럽게 올려놓는다고 상상한다. 만약 그 생각이 언어라면 그 단어가 나뭇잎 위에 적혀 있고, 이미지라면 그 그림이 나뭇잎 위에 아름답게 그려져 있다고 상상해 본다. 우리의 목표는 그저 시냇가에 머무르며, 나뭇잎이 흘러가는 모습을 가만히 바라보는 것이다. 물이 빠르게 흘러가거나 느리게 흐르도록 애쓸 필요가 없다. 나뭇잎 위에 놓인 생각을 바꾸려고도 하지 않는다.

때로는 나뭇잎이 흐릿해지거나 사라지기도 하고, 당신의 마음이 어딘가로 멀리 떠돌거나, 심지어 당신 자신이 시냇물 속이나 나뭇잎 위에 있다는 느낌을 받을 수도 있다. 그런 일이 일어난다면, 그저 조용히 멈춰서 자신에게 그런 일이 있었음을 알아차린다. 그리고 다시 고요히 시냇가로 돌아와, 떠오르는 생각들을 나뭇잎 위에 올리고, 그것이 시냇물과 함께 자연스럽게 흘러가는 모습을 계속해서 바라본다.

이 연습을 적어도 5분간 해 보자. 조용히 흐르는 강 위에 나뭇잎을 띄워 보내자. 어떤 생각이 떠오르더라도 그것을 붙잡거나 밀어내지 않고, 그저 나뭇잎이 강물에 떠내려가는 것을 바라보자.

연습이 잘 되었는가? 하나의 나뭇잎 하나에만 지나치게 신경 쓰다가 나뭇잎을 떠내려 보내지 못하지는 않았는가? 이 연습을 하다 보면, 떠오르는 생각과 감정이 마치 물 위를 흘러가는 듯한 느낌이 들 것이다. 생각과 감정을 억지로 밀어내려 할 필요도, 억지로 통제하려 할 필요도 없다. 그저 지켜보고, 허용하고, 흘려보내는 것이 중요하다.

    존재 모드에서 쉼은 도피가 아니라, 나를 깊이 이해하는 과정이다. 내면에 쌓였던 긴장이 서서히 풀리고, 온전히 나 자신을 받아들이는 따뜻한 순간을 음미해보자.

'할 수 있다' vs '해야 한다'

'해야 한다'라는 의무의 덫

우리는 하루에도 수십 번씩 '해야 한다'라는 규칙에 사로잡힌다. '사람들에게 잘 보여야 해.' '인정받을만큼 성공해야만 해.' '실수하면 안 돼.' 마치 삶이 '해야 한다'의 연속인 것처럼 느껴진다. 이러한 끝없는 의무 속에서 점점 지쳐간다. 삶이 의무와 책임감으로만 채워질 때, 우리는 쉽게 번아웃을 경험하고, 삶의 활력을 잃어버린다. 끊임없이 더 나은 내가 되어야 한다는 압박 속에서, 자극을 쫓고 위험을 피하려는 자동 조종 모드에 갇혀버린다.

'해야 한다'라는 사슬이 많다는 것은 '자극 추구 모드'와 '위험 회피 모드'가 과도하게 활성화되어 있다는 것이다. 예를 들어 '나는 실수하면 안 돼'라는 사슬이 강한 사람은 지나치게 조심하고 걱정하면서 위험 회피 모드가 과도해진다. '나는 인정받아야만 해'라는 사슬을 가진 사람은 성취를 지나치게 추구하면서 자극 추구 모드가 과도해진다. 두 가지 모드가 동시에 과도해지면 쉬어도 불안하고, 성취해도 만족스럽지 않게 된다.

'해야 한다'라는 의무감이 강해질수록 성공을 위해 끊임없이 자극을 추구하고, 실패나 위험을 회피하기 위해 늘 긴장하고 불안해한다. 일상이 무한 경쟁의 연속으로 느껴지고, 조금이라도 뒤처지면 큰일이라도 날 것 같은 압박감을 받게 된다. 결국 삶을 즐기지 못하고, 끊임없는 불안 속에서 살게 된다.

우리는 왜 이렇게 많은 '해야 한다' 속에서 살게 되는 걸까? 사회가 요구하는 기준을 맞추기 위해? 부모님의 기대를 충족시키기 위해? 혹은 나 자신이 세운 이상적인 모습에 도달하기 위해? '해야 한다'라는 생각으로만 움직이면 우리는 더 이상 삶의 주체가 아니게 된다. 자신의 선택이 아니라, 외부의 기준에 끌려가게 되는 것이다.

그렇다면, 어떻게 이 사슬에서 벗어날 수 있을까? 생각을 바꾸는 것만으로도 가능하다. '해야 한다'를 '할 수 있다'로 전환하는 것이다. '해야 한다'는 외부의 강제적 요구를 내면화한 표현이다. 반면, '할 수 있다'는 스스로 선택할 수 있는 자율성과 가능성을 담고 있다. '해야 한다'라는 사슬 속에서는 강박과 불안이 자리하지만, '할 수 있다'의 세계에서는 여유와 가능성이 자리 잡는다.

> "나는 항상 최선을 다해야 해."
> → "나는 내가 할 수 있는 만큼만 하면 돼."
> "나는 실수하면 안 돼."
> → "실수해도 괜찮아. 실수 속에서 배울 수 있어."
> "나는 반드시 성공해야 해."
> → "나는 나만의 속도로 나아갈 수 있어."

우리는 자신을 얽매는 '해야 한다'라는 사슬을 끊어내고, '할 수 있다'라는 날개를 달아야 한다. 내 삶을 나의 선택으로 만들어 가는 것이다.

가능성의 언어, '할 수 있다'

'해야 한다'에서 '할 수 있다'로 전환하는 것은 삶의 균형을 찾는 중요한 과정이다. '나는 반드시 성공해야 해'라고 자신을 몰아붙이는 대신, '나는 원하는 방향으로 성장할 수 있어'라고 말하면서 가능성을 여는 것이다. '항상 착하게 행동해야 해'라는 사슬은 '나는 따뜻한 마음을 가지고 사람들을 대할 거야'라는 선택으로 바꿀 수 있다. '나는 실수하면 안 돼'라는 사슬은 '나는 실수해도 괜찮고, 실수로부터 배울 수 있어'라는 친절함으로 바꿀 수 있다.

이러한 전환은 단순히 말만 바꾸는 것이 아니라, 삶을 대하는 태도 자체를 바꾸는 작업이다. 삶이 더 이상 의무가 아니라 선택이 되는 순간, 우리는 강박이 아닌 자연스러운 동기로 움직일 수 있다. 더 이상 외부의 압력에 의해 움직이지 않고 자신의 선택에 따라 행동할 수 있다. 합리적 정서치료(REBT, Rational Emotive Behavior Therapy)의 창시자 앨버트 엘리스(Albert Ellis)는 이러한 '해야 한다'는 사슬이 비합리적인 신념으로 굳어져 우리의 삶을 괴롭힌다고 말했다.

'해야 한다'는 사슬은 삶을 무겁게 만든다. 반면, '할 수 있다'는 가능성과 선택의 자유를 준다. 살아가면서 선택할 수 있는 것이 많다는 사실을 깨닫는 순간, 삶은 더 이상 압박이 아니라 기회가 된다. 우리는 반드시 완벽해야 할 필요도, 늘 최선을 다해야 할 필요도 없다. 루이스 헤이(Louise Hay) 또한 《치유》에서 이렇게 말했다. "우리가 자신에게 가하는 '해야 한다'는 압박을 내려놓을 때, 비로소 진정한 치유가 시작된다." '해야 한다'라는 당위의 언어 대신 '나는 할 수 있다'라는 가능성의 언어로 바꾸는 순간, 삶은 훨씬 더 가볍고 유연해진다. 그리고 그 힘은 이미 우리 안에 있다.

삶에서 모든 당위성을 제거하라는 뜻이 아니다. 목표를 향해 나아가는 과정에서, 때로는 '해야 한다'라는 감각이 필요하다. 하지만 '해야 한다'라는 당위적 사고가 지나치게 커지면 삶은 온통 '해야 할 일'들로 가득 차고, 정작 자신의 진정한 욕구나 감정은 뒤로 밀리게 된다. 중요한 것은 균형이다. '해야 한다'라는 당위적 언어에서 '할 수 있다'는 가능성의 언어로 전환할 때, 우리는 삶을 의무가 아닌 선택으로 느끼고, 타인의 기준이 아닌 진정한 나의 의지에 따라 살아갈 수 있게 된다. 더욱 능동적인 삶을 살아가게 된다. 이러한 깨달음이 우리를 더 자유롭고 충만한 삶으로 이끌 것이다. 그 깨달음이야말로, 자신을 돌보는 첫걸음이다.

[실습 2] '해야 한다'라는 사슬을 푸는 연습

'해야 한다'의 사고방식은 오랜 시간 동안 형성된 것이기에, 단번에 바뀌기는 어렵다. 하지만 우리는 의도적으로 그 사슬을 풀어나갈 수 있다. 다음과 같은 연습을 해 보자.

1. '나는 -- 해야 한다' 목록 적어 보기

_____

_____

_____

예)
"나는 바쁘게 살아야 한다."
"나는 실수하면 안 된다."
"나는 항상 완벽해야 한다."

2. '왜?'라고 질문하기

(이를 통해 우리는 그 생각이 어디에서 왔는지를 알 수 있게 된다.)

_____
_____
_____

3. 앞서 적은 문장을 '내가 원한다면 나는 -- 할 수 있다'로 바꿔 적기

_____
_____
_____

예)

"나는 바쁘게 살아야 한다."

→ "나는 내가 원하는 속도로 살아갈 수 있다."

"나는 실수하면 안 된다."

→ "나는 실수를 통해 배울 수 있다."

"나는 항상 완벽해야 한다."

→ "나는 불완전한 모습 그대로도 괜찮다."

4. '해야 한다' vs '할 수 있다' 감정 비교하기

위에서 바꾼 문장을 읽고, 그 문장이 주는 감정을 느껴 보자. '해야 한다'는 긴장과 불안을 유발하지만, '할 수 있다'는 여유와 가능성을 준다.

이 짧은 연습은 단순한 문장의 전환을 넘어, 삶을 더 가볍고 주체적으로 살아가기 위한 작은 전환점이 될 수 있다. 강요와 압박 속에서 살아갈 필요가 없다. 우리는 선택할 수 있는 존재이며, 이미 충분히 가치 있는 사람들이다. 이제 조용히 자신에게 물어보자.

'내가 오늘 짊어진 '해야 한다'는 무엇이었을까?'
'그 문장을 '할 수 있다'로 바꾼다면, 내 삶은 얼마나 다르게 느껴질까?

조금씩 말의 방향을 바꾸다 보면, 삶의 방향도 달라지기 시작할 것이다. 삶을 선택할 수 있는 힘은 당신 안에 있다.

그렇다면 왜 우리는 '해야 한다'의 사슬에 스스로를 가두게 되는 걸까? 그 이유는 많은 사람들이 자신을 가치 있는 존재로 온전히 받아들이지 못하기 때문이다. '나는 충분히 노력해야만 쉴 수 있어', '나는 성과를 내야만 인정받을 수 있어'와 같은 생각들은 우리를 끊임없이 몰아세우고 지치게 만든다.

하지만 당신은 이미 존재만으로도 충분히 가치 있는 사람이다. 성공해야만 행복할 수 있는 것이 아니다. 더 많은 것을 이루어야만 자격을 얻는 것도 아니다. 지금 이 순간, 존재 자체로도 삶을 누릴 자격이 있다. '할 수 있다'는 단순히 목표를 향해 나아가는 것뿐만 아니라, 현재를 온전히 살아가는 것까지 포함한다. 그러니 지금, 자신에게 다음과 같은 말을 건네 보자.

"나는 충분히 가치 있는 사람이다."
"나는 원하는 것을 선택할 수 있다."
"나는 지금도 충분히 괜찮다."

그리고 이 진실을 마음 깊이 받아들이길 바란다.

멈추는 순간,
우리는 도착한다

의도적으로 멈춰서 존재 모드로 들어가는 순간, 삶의 소용돌이 속에서 한 발짝 물러나 자신을 바라볼 수 있다. 그 시간이 바로 '오아시스 모먼트'다. 오아시스 모먼트는 빠르게 흘러가는 혼란스러운 삶의 한가운데에서 잠시 숨을 쉴 수 있는 여유를 선물한다. 바쁘게 앞만 보고 달려가느라 잃어버린 에너지를 회복하고, 소음에 묻혀 들리지 않았던 내면의 이야기를 들을 수 있는 공간을 마련해 준다.

하지만 오아시스 모먼트는 결코 거창한 것이 아니다. 아침의 햇살 속에서 눈을 감고 숨을 고르는 순간, 한 잔의 커피와 함께 마음을 들여다보는 시간, 또는 잠시 산책을 하며 바람, 나무, 하늘과 연결되는 순간. 그 짧은 순간들이 모여 우리에게 진짜 쉼을 선물한다. 좋은 쉼은 어디서든, 어떤 상황에서든 자신에게 허락할 수 있는 것이다.

나 역시 바쁜 일상에서 오아시스 모먼트를 가졌다. 아무리 분주한 하루라도 잠시 멈춰서 마음을 바라보는 시간을 만들었고, 때로는 하루 종일 존재하며 쉼을 가졌다. 그렇게 내 안에 억눌려 있던 그림자와 내면아이를 마주하고, 자신을 애정 어린 시선으로 바라보는 연습을 했다. 그 과정에서 서서히 회복되기 시작했고, 마음속 깊이 얼어붙어 있던 감정의 응어리들을 조금씩 녹이기 시작했다.

이번 장에서는 오아시스 모먼트 1단계인 '멈추기'에 대해 살펴보았다. 의도적으로 멈춘다는 것은 단순히 일을 중단하거나, 휴식을 갖는 것을 의미하지 않는다. 그것은 '존재로서의 나'와 다시 연결되는 용기 있는 선택이다. 세상이 요구하는 속도에서 잠시 벗어나 자신에게 가장 정직한 감정의 자리로 돌아오는 일이다.

틱낫한 스님은 이렇게 말했다. "멈추는 순간, 우리는 우리가 이미 도착해 있음을 깨닫는다." 삶은 멀리 있는 무언가에 다다르기 위한 질주가 아니라, 지금 이 순간에 도착하는 연습일지도 모른다. 그리고 멈춰야만 내 안에 숨어 있던 그림자와 내면아이를 마주할 수 있다.

다음 4장에서는 그림자를 마주하는 시간이다. 내면아이의 상처를 알아주고, 그 존재를 따뜻하게 이해해 주는 시간을 가질 것이다. 우리는 그림자와 내면아이를 통해 잊어버렸던 한 조각을 발견하게 된다. 살면서 외면했던, 그러나 늘 그 자리에서 우리가 돌아오기만을 기다리고 있던 내면의 존재를 만나러 가 보자.

4장 그림자 마주하기
OASISMOMENT

그림자를 가지고 있다는 것은
흠이 있다는 것이 아니라, 완전하다는 것이다.
그것은 '마주하기 어려운 진실'이다.

- 디펙 초프라

내 안의 또 다른 나,
그림자 마주하기

그림자와
화해하는 시간

그림자는 도망칠수록 더욱 짙게 따라온다. 하지만 우리가 멈춰 서면, 그림자도 함께 멈춘다. 그제야 우리는 자신을 쫓아오던 그림자 속에 무엇이 숨어 있었는지를 바라보게 된다. 그 속에는 과거의 억압된 상처를 지닌 한 아이가 숨어 있다. 어린 시절, 외롭고 무서웠지만 감정을 표현할 수 없었던 순간들, 사랑받고 싶었지만 그 마음을 꾹 눌러야 했던 기억들, 그런 상처를 모두 껴안은 채 조용히 '내면아이'가 나를 기다리고 있다. 나는 그 아이를 진심으로 이해하고, 수용하고 나서야 달라지기 시작했다. 처음에는 어색했지만, 나 자신에게 점점 더 진심을 담아 이런 말을 해줄 수 있었다.

"나는 너의 선택을 믿어."
"나는 너의 결정을 신뢰해."
"나는 네가 정말 자랑스러워."
"지금까지 네가 거쳐온 고민과 선택이 모두 의미 있었어."
"너 자신을 더 믿어도 된다는 것을 항상 기억해 줘."

마음속에 단단히 엉켜 있던 응어리가 천천히 풀어지고, 나는 처음으로 자신을 따뜻하게 안아줄 수 있었다. 그동안 살아낸 모든 시간이, 내려온 모든 선택들이 충분히 괜찮았다는 걸 마음 깊이 느낄 수 있었다. 나는 그렇게 어린아이와 화해하고 친구가 될 수 있었다. 평온함과 충만함이 내면 깊숙한 곳에서부터 가득해지는 이 순간을, 이제는 함께 나누고 싶다.

이 장에서는 오아시스 모먼트의 2단계인 '이해하기(Understand)'를 진행할 것이다. 이해하기란 내 안의 그림자를 마주하고, 내면아이의 목소리에 귀 기울이며, 그 존재를 다정하게 안아주는 과정이다. 그림자를 진심으로 이해하기 위해서는 첫째, 그림자와 마주할 용기가 필요하고, 둘째, 그림자를 비판 없이 온전히 수용해야 하며, 셋째, 따뜻한 시선으로 나 자신을 안아주는 연민이 필요하다.

이제, 천천히 발걸음을 옮겨 내 안의 가장 깊은 그림자를 향해 내디뎌 보자. 그 안에는 미처 알아채지 못한 또 하나의 '나'가 조용히 기다리고 있을지도 모른다.

보이지 않는 상처, 마음 속 그림자

우리 안에는 누구에게도 쉽게 보여주지 못하는 '나의 일부'가 있다. 그것은 두려움, 분노, 수치심 혹은 외로움의 얼굴로 마음속 어딘가에 조용히 숨어 있다. 이렇게 우리가 외면하거나 억눌러 온 '받아들이기 어려운 나의 일부가 그림자가 된다. 그림자는 어린 시절부터 형성된다. 부모와 양육자, 학교와 사회는 유무형의 메시지를 통해 어떤 모습을 드러내야 사랑받을 수 있는지, 그리고 어떤 모습을 감춰야 비난받지 않는지를 가르친다. 이런 메시지들이 누적되면서 우리는 점차 자신의 일부를 감추게 된다. 그 과정에서 마음의 균형이 무너지고, 상처를 입는다.

데비 포드는 그림자를 다음과 같이 말한다. "우리 모두에게는 감정적인 고통이 너무 커서 그것을 그림자의 어둠 속에 억눌러 두었던 과거의 어느 순간이 있다. 이것은 피할 수 없는 삶의 부분이다. 우리는 달릴 수 있지만 숨을 수는 없다. 우리의 그림자는 언제나 외상의 경험이나 고통스러운 순간에 연결되어 있다. 우리가 진정으로 자신의 그림자와 그것의 선물을 이해할 때, 거기에는 비난할 일도 없고, 탓할 부모나 스승, 과거도 없다. 왜냐하면 우리의 그림자는 특별한 미래로 가게 하는 통로이기 때문이다."

그림자는 결코 사라지지 않는다. 아무리 회피해도, 그림자는 계속 따라온다. 그러므로 어느 순간에 이르러서는 그림자와 마주해야 한다. 그림자와 마주하는 건 과거에 대해 후회하는 것이 아니다. 부모를 비난하거나, 상처를 준 사람을 원망하는 것도 아니다. 우리에게 진정 필요한 것은 아프고 외로웠던 그때의 나를 이해하고, "그때 정말 힘들었지?" 하고 따뜻한 말을 건네는 것이다. 5장에서 자세히 살펴보겠지만, 우리는 그림자를 마주하고 이해할 때 비로소 그 어둠 속에 담긴 또 하나의 선물, '밝은 그림자'로 나아갈 수 있다.

어떤 사람은 어린 시절 받은 학대나 왕따, 거절, 버림받음 등의 경험이 트라우마가 되고, 이것을 억압하면서 그림자가 만들어지기도 한다. 트라우마는 극심한 충격이나 스트레스로 인해 개인의 심리적, 정서적 균형이 무너진 상태를 의미한다. 사람들은 흔히 '트라우마'라고 하면 전쟁이나 재난, 폭력, 학대 같은 사건을 떠올린다. 물론 그런 빅 트라우마(big trauma)는 정신에 강렬한 충격을 주어, 삶 전체를 뒤흔드는 거대한 그림자를 형성하기도 한다.

하지만 그림자는 단 한 번의 극적인 사건으로만 만들어지는 건 아니다. "나는 그런 엄청난 사건을 겪은 것도 아닌데, 왜 이렇게 힘들까?"라는 의문을 품는 사람이 많을 것이다. 심리학자 니콜 르페라(Nicole LePera)는 트라우마를 보다 광범위한 개념으로 확장해야 한다고 주장한다. "트라우마는 단지 끔찍한 사건에 국한되지 않는다. 우리가 자기 자신을 배반하고, 무가치하다고 여기는 경험들이 모두 트라우마가 될 수 있다. 트라우마는 우리가 살아남으려면 자기 본연의 모습을 배반해야 한다는 근본적인 믿음을 만들어 낸다."

이처럼 일상에서 경험하는 작은 상처가 반복적으로 지속되거나 누적되어 생기는 정서적, 심리적인 부정적 영향을 '스몰 트라우마(small trauma)'라고 부른다. 빅 트라우마가 뚜렷한 외상 사건(사고, 재난 등)에 의해 생기는 것과 달리, 스몰 트라우마는 타인의 비판적인 말투, 경미한 무시, 사소한 실패 경험, 미묘한 거절, 관계에서의 사소한 갈등과 같이 일상에서 빈번히 접할 수 있는 작은 순간들이 만들어 낸다. 하지만 상처가 있음에도 억누른 채 살아가는 사람들이 많다. '트라우마=극단적 사건'이라는 인식 때문에 자신이 겪는 심리적 어려움을 애써 무시하거나 하찮게 여긴다.

"이 정도로 힘들어해서는 안 돼."

"내가 예민해서 그런 거겠지."

"내가 경험한 건 별거 아니야."

그렇게 우리는 자신의 아픔을 외면하고 애써 무시하며 살아간다. 방치된 스몰 트라우마는 내면에 상처로 남아 장기적으로 개인의 정서와 행동에 부정적 영향을 미칠 수 있다. 심리학자 맥 애럴(Meg Arroll)은 스몰 트라우마를 '인생의 보트'에 비유하며 다음과 같이 말한다. "보트가 작은 암초에 부딪치거나 물고기들이 선체를 갉아 먹는 것처럼, 우리의 삶도 반복되는 작은 충격들로 인해 점점 약해진다. 처음에는 큰 문제가 없어 보이지만, 이런 손상들이 누적되면 결국 우리의 삶을 둔화시키고 고장에 이르게 한다."

작은 상처들이 남긴
깊은 흔적, 역기능적 신념

그렇다면, 스몰 트라우마는 어떻게 우리의 삶을 고장 나게 만들까? 반복된 작은 상처들은 내면에서 특정한 신념으로 자리 잡는다. 신념이란 자기 자신과 세상, 타인을 바라보는 근본적인 믿음이다. 그 가운데 개인의 가능성을 제한하는 신념을 인지치료의 창시자인 아론 벡(Aaron T. Beck)은 '역기능적 신념'이라 정의했다.

예를 들어 부모로부터 지속적으로 "왜 그것밖에 못 하니?"라는 비판을 들은 아이는 '나는 부족한 사람이다'는 역기능적 신념을 가질 수 있다. 학교에서 친구들에게 자주 따돌림을 당했던 아이는 '사람들은 나를 싫어한다', '나는 사랑받을 가치가 없다'와 같은 역기능적 신념을 형성할 수 있다. 사소한 실수를 했을 때 주변에서 과도하게 비난받았던 경험이 누적되면 '실수하면 큰일 난다', '항상 완벽해야 한다'는 역기능적 신념으로 이어진다.

이러한 신념은 단지 생각의 틀을 넘어서, 실제로 우리의 뇌 신경망과 감정 반응에도 깊은 영향을 미친다. 노스이스턴대학의 심리학 석좌교수이자 신경과학자 리사 펠드먼 배럿(Lisa Feldman Barrett)은 《감정은 어떻게 만들어지는가?》에서 "감정은 과거의 경험으로 축적된 예측 시스템의 결과"라고 말한다. 즉, 우리가 느끼는 감정조차도 과거 경험에서 형성된 신념과 해석이 뇌에 각인된 예측 틀에 따라 반응한다는 것이다. 당신이 느끼는 슬픔, 분노, 기쁨은 사실 뇌가 학습한 패턴에 따라, 그 순간의 맥락 속에서 생성된 하나의 의미 있는 이야기가 된다. 불교 명상가이자 심리치료사인 타라 브랙(Tara Brach) 역시 말한다. "우리는 자신에 대해 믿고 있는 이야기로 자신을 가둔다. 그리고 그 이야기에서 벗어나기 전까지, 우리는 스스로를 진정으로 자유롭게 사랑할 수 없다."

역기능적 신념은 자신을 가두는 감옥이다. 이 신념들은 때론 조용히, 때론 크게 선택을 바꾸고 삶의 방향을 틀어버린다. 사랑을 드러내고 싶어도 망설이게 만들고, 친구를 사귀고 싶어도 과도하게 경계하게 만들고, 도전하고 싶어도 주저하게 만든다. '나는 안 될 거야'는 속삼임이 우리를 붙잡는다. 그렇게 억눌린 진짜 모습은 그림자 속으로 숨어버린다.

당신은 인생을 살아오며 어떤 스몰 트라우마를 겪어 왔

는가? 그 경험이 만든 신념은 당신의 삶에 어떤 영향을 주고 있는가? 혹시 당신도 그런 그림자를 품고 있지는 않은가. 어느 날, 조용히 고개를 들고 "나도 여기에 있어."라고 속삭이는 그 목소리를 외면한 적은 없는가. 그 스몰 트라우마는 어떤 역기능적 신념과 그림자를 만들었는가? 지금 이 순간, 잠시 멈추어 그림자에게 다가가 보자. 그리고 조용히 질문해보자.

"지금까지 외면해 온 너는 누구였을까?"
"그때, 너는 어떤 마음을 꾹 참았던 걸까?"
"어떤 순간이 아직도 아프게 남아 있을까?"

그 답을 찾기 위한 작은 실습을 해 보자.

[실습 3] 스몰 트라우마를 알아차리는 질문

이제, 아주 조용하고 부드럽게 당신의 마음에 질문을 건네려 한다. 이 질문들은 과거를 들추기 위한 것이 아니다. 그저 당신 내면 어딘가에 잠들어 있는 감정을 살며시

깨우기 위한 것이다. 잠시 시간을 내어 조용한 공간에서 숨을 고르고, 당신의 몸과 마음의 반응에 귀 기울여보자.

1. 어떤 상황에서 작게라도 무시당하거나 인정받지 못한다고 느끼는가?

_____

_____

_____

2. 일상에서 반복적으로 기분이 상하는 일이 있다면. 무엇 때문인가?

_____

_____

_____

3. 주변 사람들의 사소한 말이나 행동 가운데 상처가 되는 부분은 무엇인가?

---

4. 최근 감정이 흔들렸던 순간 중, 반복되었던 주제나 느낌이 있는가? (예: 거절감, 열등감, 외로움, 불안, 수치심 등)

위 질문에 답할 때는 머리로 분석하는 것보다는 가슴과 몸의 '감각'에 집중하는 것이 중요하다. 몸이 불편해지거나 가슴이 답답해지는 기억이 있다면, 내면에 자리 잡고 있던 감정이 반응하는 신호일 수 있다. 기억은 흐릿해도 몸은 기억하고 있다. 그 기억이 올라오면 잠시 눈을 감고 숨을 깊이 들이쉰 다음, 그 장면을 조심스럽게 바라봐 준다.

> '그때, 내가 느꼈던 감정은 무엇이었을까?'
> '그 감정은 지금의 나에게 어떤 영향을 주고 있을까?'
>
> 이 조용한 탐색은 내면에 깊숙이 숨어 있던 감정과 그림자를 알아차리는 첫걸음이다. 지금 이 순간, 당신을 들여다보려는 그 마음만으로도 치유는 시작되고 자기이해의 문을 열게 된다.

예를 들어, '나는 어떤 상황에서 작게라도 무시당하거나 인정받지 못한다고 느끼는가?'는 첫 질문을 읽고 다음과 같은 기억이 떠올랐다고 해 보자. 회사에서 회의가 있었는데, 내 의견에 대해서는 사람들이 별다른 반응을 하지 않고 가볍게 넘어갔다. 그런데 내 동료가 낸 아이디어에는 사람들이 적극적으로 반응하고 결국 그 의견이 채택됐다. 그 순간 나는 투명인간이 된 것 같고, 내 말은 아무런 힘이 없는 것처럼 느껴졌을 수 있다.

나에게도 비슷한 기억과 감정이 있다. 어렸을 때부터 내 의견은 중요하게 받아들여지지 않았다. 부모님은 주로 언니에게 의견을 구했다. 언니는 늘 논리적이고 똑 부러지게 자신의 주장을 펼칠 줄 알았다. 반면 나는 감정이 앞서곤 했다. 그래서 내 말은 비논리적이라는 이유로 무시되거나 가볍게 넘겨지곤 했다. 그런 경험들이 쌓이며 점점 '내 생각은 중요하지 않다'라는 믿음을 가지게 되었다.

'나는 중요한 존재가 아니야', '내 의견을 늘 무시된다'는 등의 역기능적 신념은 '무가치함'과 '열등감'이라는 그림자를 만들었다. 그 이후로 누군가 내 의견을 무시하는 듯한 행동을 보일 때마다 민감하게 받아들였다. 누군가 내 말을 끊어버리면 하루 종일 기분이 좋지 않았고, 사소한 상황에서도 감정에 크게 흔들리는 경우가 많았다. 아무도 모르게 그 상처를 반복해서 상기하고 있었던 것이다. 이처럼 질문에 대한 답변을 깊이 생각해 보면, 내면의 역기능적 신념과 그림자를 구체적으로 알아차릴 수 있다. 다음은 위 질문에 대한 예시 답변이다. 이를 참고해보면서 여러분의 그림자는 어디서 시작되었는지 생각해보자.

「1. 어떤 상황에서 작게라도 무시당하거나 인정받지 못한다고 느끼는가?」

• 예시 답변

회의에서 내 의견이 무시되거나 가볍게 넘어갔을 때

- **관련있는 역기능적 신념**

"나는 중요한 존재가 아니다."

"내 생각이나 의견은 가치가 없다."

- **관련있는 내면의 그림자**

무가치함, 열등감의 그림자(내면 깊은 곳에서 자신이 인정받을 만한 가치가 없다는 억눌린 감정이 있음)

당신은 어떤 기억이 떠올랐는가? 다른 질문에는 어떤 장면이 떠올랐는가? 상황을 역기능적 신념과 그림자로 연결짓는 것에 도움이 되기 위해 다른 질문에 대한 예시 답변을 적어보면 다음과 같다.

「2. 일상에서 반복적으로 기분이 상하는 일이 있다면 무엇인가?」

- **예시 답변**

상대방이 약속 시간에 자주 늦을 때

직장에서 다른 동료들끼리만 시간을 보낼 때

- **관련있는 역기능적 신념**

"나는 존중받지 못하는 존재다."

"사람들은 결국 나를 떠난다."

"나는 언제나 외롭게 남겨진다."

• **관련있는 내면의 그림자**

버려짐(소외)의 그림자(과거 반복적으로 거절당하거나 소외된 경험이 내면에서 해결되지 않고 남아 있음)

「3. 주변 사람들의 사소한 말이나 행동이 나에게 자주 상처가 되는 부분은 무엇인가?」

• **예시 답변**

외모나 옷차림에 대한 사소한 농담이나 지적을 당할 때

사소한 말투에 담긴 평가절하의 뉘앙스를 느낄 때

• **관련있는 역기능적 신념**

"나는 부족하고 결함이 있는 존재다."

"나에게는 뭔가 결정적인 문제가 있다."

"나는 있는 그대로 사랑받을 수 없다."

• **관련있는 내면의 그림자**

자기혐오, 수치심의 그림자(어릴 적부터 자신에 대한 부정적 피드백이 내면화되어 억압된 수치심과 자기혐오로 자리 잡음)

「4. 최근 내 감정이 흔들렸던 순간 중, 반복되었던 주제나 느낌이 있는가??」

- **예시 답변**

작은 실수 후 심각하게 자신을 비난하고 자책을 느낌

- **관련있는 역기능적 신념**

"나는 실수하면 사랑을 잃는다."

"나는 완벽해야만 가치가 있다."

- **관련있는 내면의 그림자**

완벽주의와 자기비난의 그림자(사소한 실수조차 용납할 수 없고, 실수가 곧 실패이자 버림받음으로 연결된 경험이 내면에 있음)

자신의 그림자가 어디서 시작되었는지 생각해 보자. 서둘러 발견할 필요는 없다. 천천히, 차분하게 마음속에서 떠오르는 장면을 받아들이며, 당신 안의 이야기들을 하나씩 꺼내보기를 바란다.

세상을 바라보는 내면의 틀, 세 가지 신념

신념에 대해 조금 더 깊이 들여다보자. 우리는 살면서 세 가지 종류의 신념을 가진다. 바로 '나에 대한 신념', '타인에 대한 신념', '세상에 대한 신념'이다. 이 신념들은 마치 세상을 바라보는 안경과 같다. 어떤 신념의 안경은 삶에 활력을 주고 가능성을 넓혀준다. 하지만 어떤 안경은 세상을 흐릿하고 무겁게 만들어 우리를 제한된 공간 속에 가두기도 한다. 따뜻한 애정과 성공의 경험과 같은 긍정적인 사건들은 힘이 되는 순기능적 신념을 만든다. 예를 들면 다음과 같은 신념이 있을 수 있다.

"나는 결국 해내는 사람이다." **(나에 대한 신념)**
→ 실패해도 포기하지 않고 다시 도전할 수 있는 용기를 준다.

"사람은 누구나 배울 점이 있다." **(타인에 대한 신념)**
→ 타인과 열린 마음으로 관계를 맺고, 다양한 사람들을 만나게 해 주고, 성장의 기회를 만든다.

"세상에는 기회가 많고 새롭게 발견할 것들이 많다." **(세상에 대한 신념)**
→ 도전을 두려워하지 않게 만들고, 모험을 가능하게 해 준다.

이처럼 순기능적 신념은 삶에 따뜻한 햇살을 비추고, 앞으로 나아갈 힘을 준다. 반면 스몰 트라우마는 나에 대해서, 타인에 대해서, 세상에 대해서 부정적인 신념을 만들어 내며, 삶의 방향을 잃게 만든다. 이러한 역기능적 신념은 삶에서 누릴 수 있는 행복과 성공을 가로막고, 정서적인 어려움을 불러일으킨다.

예를 들어, 누군가 '착해야만 사랑받을 수 있어. 나는 착해야만 해'라는 신념을 가지고 있다고 해 보자. 이는 아름답고 선한 말처럼 들리지만, 실제로는 나를 계속해서 억누르고 지치게 만드는 신념일 수 있다. 우리의 내면을 지치게 하고 본연의 자기 모습을 숨기게 한다. 어린 시절 부모님이 "착한 아이여야 칭찬받는다."라는 메시지를 반복적으로 주며, 아이의 감정이나 욕구를 무시했다고 해보자.

아이는 성인이 되어서도 타인에게 인정받기 위해 자신의 감정을 억누르고, 거절해야 할 때조차 거절하지 못하고 과하게 친절함을 베푸는 사람으로 성장할 수 있다. 자신이 무언가를 욕망하고 요구하는 것을 이기적이라고 느낀다. '나는 욕심내면 안 돼', '나쁜 아이가 되면 버림받을 거야'와 같은 마음을 가진다면 자신의 진짜 욕구와 필요를 무시하게 되고, 시간이 지날수록 자신이 진정 원하는 삶과 멀어지게 된다.

또 다른 예로, '대부분의 사람은 나에게 관심이 없다'는 신념을 가지고 있다고 해 보자. 학창 시절 어떤 그룹에도 깊이 소속되지 못해서 소외감을 느꼈다면, 그 외로움은 곧 '사람들은 나를 중요하게 생각하지 않는다'는 신념으로 자리 잡게 된다. 이렇게 형성된 신념은 성인이 된 후에도 새로운 사람을 만나거나 관계를 맺는 것에 대한 두려움을 만들어 낸다.

누군가가 나에게 가까이 다가오면, 마음 한편에서는 그것을 바라면서도 또 다른 한편으로는 불편함을 느껴서 관계를 멀리하게 된다. 또한 사람들과 친밀감을 형성하려는 노력을 기피하게 되며, 깊은 외로움과 공허감을 경험하게 된다. 이런 신념을 가진 사람은 마음 깊은 곳에서는 누군가 다가오기를 바라지만, 막상 누군가가 실제로 다가오면 밀어낸다. 이 역설적인 행동은 그림자가 아물지 않은 채 남아 있다는 것을 말해준다.

마지막으로, '세상은 위험한 곳이다'라는 신념을 살펴보자. 어린 시절, 부모나 주변 사람들이 지나치게 걱정하고 두려워하는 모습을 자주 접하거나, 작은 사고나 부정적 뉴스를 자주 듣게 되면 세상은 위험으로 가득 찬 장소라는 생각을 하게 된다. '밖은 위험해', '낯선 건 위험해'와 같은 신념을 가지면 도전이나 변화에 대한 두려움이 커져서 성장을 위한 선택을 하지 않게 된다. 좋은 기회가 와도 쉽게 포기하거나 새로운 도전을 거부하는 행동을 보인다. 결국 성장과 변화의 가능성을 놓쳐 버리고, 안전한 삶이라는 울타리 안에서 제한된 경험만 하게 된다.

그렇다면 어떻게 순기능적 신념과 역기능적 신념을 구별할 수 있을까? 기준은 간단하다. 좋은 신념은 내 삶에 힘을 주고 더 나은 가능성을 열어주는 문과 같다. 반대로 역기능적 신념은 우리의 에너지를 소모시키고 삶의 선택지를 줄이며 자신을 감옥처럼 가두는 문과 같다. 지금 잠시 멈춰서 자신에게 물어보자.

'내가 가진 신념은, 나를 더 좋은 곳으로 데려가는가?'
'아니면 나를 작아지게 만들고 있는가?'

어쩌면 지금껏 당연하게 여겨온 신념이 삶의 폭을 좁게 만들고 있었을지도 모른다. 나를 불행하게 만들고 있는 신념을 오랫동안 붙잡고 있었을지도 모른다. 이제 그 신념들을 다시 바라보고, 조용히 마음의 문을 열어 보자. 다음의 실습을 통해 스스로 만들고 있던 역기능적 신념을 하나씩 꺼내 보고, 그 신념이 진짜 나에게 도움이 되는지, 아니면 그림자의 목소리인지 함께 살펴보자.

[실습 4] 세 가지 신념 찾아보기

아래 질문들을 천천히 읽고, 편안한 마음으로 떠오르는 생각들을 적어 보라.

1. 나에 대한 신념

• 나는 어떤 사람이라고 생각하나요?

• 내 안에 존재하는 여러 모습 중에서 받아들이기 어렵거나 숨기고 싶나요? 왜 그 모습은 숨기고 싶은가요?

_____

_____

- 다음 세 개의 빈칸을 완성해 보세요.

나는 사랑받으려면 _____ 해야 한다.

나는 사랑받으려면 _____ 해야 한다.

나는 사랑받으려면 _____ 해야 한다.

- 나를 진정 가치 있게 만드는 것은 무엇인가요? 내가 가치 있으려면 어떤 특정한 조건을 갖춰야 하나요?

나는 인정받으려면 _____ 해야 한다.

나는 인정받으려면 _____ 해야 한다.

나는 인정받으려면 _____ 해야 한다.

2. 타인에 대한 신념

- 사람들은 기본적으로 어떤 존재라고 생각하나요?

(믿을 만하다, 이기적이다, 따뜻하다 등)

_____

_____

- 타인은 나를 어떻게 대할 것이라고 기대하나요? 혹시 나도 모르게 반복해서 기대하는 패턴이 있나요?

_____

_____

- 내가 다른 사람들과 관계를 맺을 때 가장 두려운 것은 무엇인가요?

_____

_____

_____

3. 세상에 대한 신념

• 세상은 어떤 곳이라고 믿고 있나요?

(공정하다, 불공정하다, 안전하다, 위험하다 등)

_____

_____

_____

• 인생에서 좋은 일과 나쁜 일은 어떻게 일어난다고 생각하나요?

_____

_____

_____

• 세상을 살아갈 때 반드시 지켜야만 한다고 생각하는 나만의 규칙이나 신념이 있나요?

_____

_____

_____

> 이 질문들을 탐색하면서 발견한 신념들은 당신의 삶을 움직이는 원동력이 될 수도 있고, 때론 장애물이 될 수도 있다. 지금 발견한 신념들이 과연 나에게 도움이 되고 있는지 천천히 돌아보자. 각각의 신념이 나에게 활력을 주고 있는지, 빼앗아가고 있는지 확인해 보는 것이다. 내 가능성을 키우는 신념과 제한하는 신념을 구분해 보자.

결정적인 순간에 내면의 그림자와 역기능적 신념은 조용히 속삭인다.

"넌 그 정도밖에 안 돼."

"그냥 가만히 있어. 모험하지 마."

"너에게 이런 면이 있다는 걸 알면 사람들이 분명 실망할 거야."

이렇게 우리는 가능성 앞에서 자꾸 멈추게 된다. 누군가가 칭찬해도, 그림자는 말한다. "넌 그냥 운이 좋았던 거야." 누군가가 가까워지려 하면, 그림자는 또 말한다. "넌 받아들여질 수 없어" "결국 넌 상처받을 거야." 기회가 옆을 스쳐 가도 "넌 아직 부족해. 지금 나서면 네가 형편없다는 것을 온 세상이 알게 될 거야."라고 속삭인다.

그림자가 고개를 들 때, 우리는 스스로 비난한다. '왜 나는 이 모양일까?' '왜 나는 이렇게 못난 걸까?' 이때 중요한 사실이 있다. 그림자는 한때 나를 보호하기 위해 만들어졌다는 것이다. 그때의 나는 상처받지 않기 위해, 버림받지 않기 위해, 사랑을 받기 위해 그러한 신념을 선택할 수밖에 없었다. 당시에는 그것이 최선의 선택이자 나를 지켜주는 방패였다. 하지만 이제는 그 방패가 가능성을 막는 벽이 된 것일 뿐이다. 내면의 그림자가 고통을 주고 있다면, 사실 우리에게 말을 걸고 있는 것이다.

"나를 좀 바라봐 줘. 나는 아직 여기에 있어."

그림자는 우리가 멈춰 서서, 나 자신을 들여다보기를 기다리고 있다. 그러니 억누르거나 밀어내지 않아도 괜찮다. 잠시 멈춰, 조용히 그 마음을 바라보고, 다정하게 안아주는 것. 그것이 오아시스 모먼트의 순간이다. 자신에게 따뜻하게 말해보자.

"지금 이 감정은 나를 괴롭히기 위해 존재하는 게 아니라, 나를 이해해 달라고 말하고 있는 거야."
"나는 이제 그 감정의 손을 잡을 준비가 되어 있어."

있는 그대로의 나를 존중하는,
그림자 수용하기

그림자를 대하는
두 가지 방식

우리는 종종 내면의 그림자와 싸우려고 한다.

"이런 생각은 하지 말아야 해."

"이 감정은 사라져야 해."

"이런 모습은 없어져야 해."

부정적인 감정이나 역기능적 신념을 '없애야 할 문제'로 인식한 채, 애써 지우려 들고 억누르려 한다. 이런 마음은 자연스러운 감정이다. 하지만 이러한 시도는, 마치 몸의 일부를 잘라내려는 것에 가깝다. 그림자는 우리 안에 깊이 자리한 존재의 일부다. 억누르고 밀어내려 할수록 그림자는 더 짙어지고, 더 교묘하게 삶의 흐름을 방해한다.

과거에는 역기능적 신념이나 부정적 감정을 '제거해야 할 문제'로 보았다. 하지만 현대 심리학은 '수용'의 중요성을 점점 더 강조하고 있다. 치유는 억압이 아니라 수용에서 시작된다고 말하고 있다. 기존의 인지행동치료가 왜곡된 생각을 '고쳐야 할 대상'으로 보았다면, 최근 주목받는 3세대 인지치료는 감정과 생각을 '함께 걸어갈 동반자'로 바라본다. 그 중 대표적인 접근이 '수용전념치료(ACT, Acceptance and Commitment Therapy)'다.

수용전념치료에서 강조하는 핵심 태도는 '기꺼이 경험하기(willingness)'이다. 이는 마음속에 어떤 감정이 떠오르거나 어떤 생각이 스쳐 가든, 그것을 억압하거나 바꾸려 하지 않고 그 자체를 있는 그대로 받아들이는 자세를 말한다. 이 개념을 설명할 때 자주 인용되는 비유가 있다. 책 《마음에서 빠져나와 삶 속으로 들어가라》에서 소개되는 '엠마 고모' 이야기다.

[엠마 고모 이야기]

당신은 집에서 가족과 친구가 함께하는 모임을 준비하고 있다. 사랑하는 이들과 함께 음식을 나누고, 웃음을 나누며, 오랜만에 즐거운 시간을 보내려 한다. 분위기는 한껏 무르익고 마음이 따뜻해지는 순간, 예상하지 못한 손님이 찾아온다. 바로 당신의 엠마 고모다. 성미가 까다롭고 예민한 데다 당신에게 유독 불친절한 고모다. 그녀는 당신이 준비한 음식을 마구 먹지만 고맙다는 말 한마디 없다. 사사건건 불평을 늘어놓는다. 문제는 당신은 그녀를 초대하지 않았다는 것. 그녀가 오는 것을 원하지도 않았다. 그런데도 엠마 고모가 현관문 앞에서 종을 누르며 서 있다.

이때 당신에겐 두 가지 선택이 있다.

첫째, 고모가 들어오지 못하게 문을 걸어 잠그고 싸우는 것이다. "오지 마세요." "여긴 당신의 자리가 아니에요."라고 말하면서, 고모가 한 발도 집 안에 들여놓지 못하게 필사적으로 막는다. 면전에서 문을 쾅 닫으면서 "가세요!"라고 외치는 것이다.

그러나 이 선택은 잔치의 흐름을 한순간에 바꿔 놓는다. 당신은 더 이상 파티의 주인공이 아니다. 음식도, 웃음도, 따뜻한 대화도 모두 멈춘다. 이제 당신은 잔치의 주최자가 아니라 문지기가 되어 버린다. 모든 관심과 에너지가 고모를 쫓아내는 데 집중된다. 당신은 더 이상 모임의 행복한 분위기를 즐기지 못하게 된다. 다른 손님들도 불편해져 하나둘 자리를 피한다. 모임은 더 이상 즐거운 공간이 아니다.

둘째, 그녀의 존재를 인정하고 자리를 내어주는 것이다. 여전히 그녀를 좋아하지는 않지만, 그녀의 존재를 부정하지 않고 받아들이는 것이다. 당신은 모든 손님을 환영하기로 한 처음의 결심을 지킨다. 그녀가 있는 것 자체를 허용하고, 음식을 권하며, 안부를 묻는다. 그러면 당신은 다시 잔치를 즐길 수 있다. 그녀가 함께하는 것이 편하진 않지만, 여전히 당신은 가까운 사람들과 모임을 즐길 수 있다. 엠마 고모도 함께 자리에 앉을 수 있고, 다른 사람들과도 어울릴 수 있다.

이 이야기는 곧 우리 마음속의 그림자에 대한 태도를 보여준다. 불안, 분노, 수치심, 무가치함과 같은 그림자 감정은 엠마 고모처럼 예고 없이, 원치 않을 때 우리 마음을 두드린다. 우리는 그 감정들을 부정하거나 몰아내려 애쓴다. 하지만 억지로 밀어낼수록 그것은 더 강하게 되돌아온다.

불편한 감정과
함께 살아가는 연습

그렇다면 도대체 왜 우리는 감정과 그림자를 받아들이는 대신 그렇게 애써 도망치려 하는 걸까? 인간의 자연스러운 본능이기 때문이다. 고통이 찾아오면 우리는 본능적으로 그것을 피하고 싶어 한다. 하지만 바로 그 '저항'이 고통을 증폭시키는 원인이 된다. 명상 지도자 신젠 영(Shinzen Young)은 이를 간단한 공식을 통해 설명한다.

"고통 = 아픔 x 저항"

삶에서의 아픔은 피할 수 없는 경험이다. 하지만 그 아픔을 억누르거나 없애려는 저항이 더 큰 고통을 만든다. 슬픔, 외로움, 분노와 같은 아픈 감정들을 떨쳐내려는 몸부림 속에서 더 무겁고 복잡해진다.

《마음에서 빠져나와 삶 속으로 들어가라》에서는 심리적 고통과 대면하는 방식을 '모래 늪'에 빠진 상황에 비유하며 설명한다. "모래 늪에서 벗어나려 발버둥칠수록 더 깊이 빠지게 된다. 오히려 몸을 넓게 펼치고 힘을 빼야만 모래 위에 떠오를 수 있다." 심리적 고통도 마찬가지다. 고통에서 벗어나려고 발버둥칠수록 우리는 더 큰 절망에 빠지게 된다. 우리가 해야 할 일은 고통과 함께 머무르며, 그것을 있는 그대로 받아들이는 것이다.

우리가 할 일은 이 감정들과 싸우거나 쫓아내는 것이 아니라, 그것들을 환대하는 것이다. 그 감정이 자연스럽게 흘러가도록 허용하는 것이다. 그것이 바로 '수용'이다. 수용은 곧 기꺼이 경험하는 것이다. 그림자를 억누르는 것이 아니라 끌어안는 태도다. 부정적인 생각과 감정을 거부하는 대신, 자리 하나를 마련해 주는 것이다. 생각과 감정이 옳다고 믿는 것도 아니고, 말하는 대로 끌려가는 것도 아니다. 그림자가 '존재하고 있다'라는 사실을 인정하고, 삶의 한편에 함께 앉히는 것이다.

"그래, 네가 또 왔구나."

조용히, 담담히 그렇게 맞아주는 것이다. 수용이란 다음과 같은 태도다.

- 흐느껴 우는 아이를 끌어안듯이 고통을 끌어안는 것
- 집으로 돌아가기 위해 무기를 내려놓는 병사처럼 고통과의 싸움을 멈추는 것

- 중병에 걸린 사람 곁에 조용히 앉아 있듯이 감정과 함께 하는 것

우리의 집 앞에는 크고 작은 수많은 '엠마 고모'들이 있다. 그리고 그들은 예측하지 못한 때 찾아온다. 잔치가 시작되기 전에 그들이 물러나기를 기다린다면, 잔치는 영영 시작되지 않을 것이다. 중요한 것은 당신이 어떤 태도를 취하는가다. 지금 이 자리에서, 이 감정과 함께 조용히 문을 열고 삶을 이어갈 수 있다면, 우리는 진짜 자신의 중심으로 돌아올 수 있다.

부처님에게도 그런 순간이 있었다. 부처님이 깊은 수행 중이었을 때, '마라'가 찾아왔다. 마라는 깨달음을 방해하는 유혹과 두려움의 상징이다. 제자들은 놀라며 물었다.

"부처님, 마라가 또 왔습니다. 쫓아내야 하지 않을까요?"

하지만 부처님은 고요히 말씀하셨다.

"마라가 오셨군요. 차 한잔하고 가세요."

거절도, 거부도 없이 그저 조용히, 따뜻한 차 한 잔을 내어주는 태도. 이것이야말로 진정한 수용의 지혜다.

그림자가 문을 두드릴 때, 우리가 할 수 있는 최선은 그 감정을 억지로 몰아내는 것이 아니라, 조용히 맞아들이고

함께 앉아 있어 주는 일일지도 모른다. 그리고 그 순간, 우리는 조금 더 평화로운 나 자신이 된다.

> ### [TIP] 그림자를 환대하는 자세
>
> 수용은 포기나 무기력이 아니다. 오히려 그것은 가장 용기 있는 선택이다. 그림자를 마주할 용기를 내고, 불편한 감정을 억누르지 않은 채 품고 살아가겠다는 삶의 태도다. 융은 "자기 자신이 되기 위해서 우리는 먼저 자아의 어두운 면, 즉 그림자를 직면해야 한다."라고 말했다. 예를 들어, 누군가에게 거절당했을 때 올라오는 수치심을 억누르며 애써 괜찮은 척하지 않고, 그 감정을 알아차리며 "지금 나는 수치심을 느끼고 있어."라고 말하는 것부터 시작할 수 있다. 그것만으로도 우리는 자기 자신에게 깊은 연민과 이해를 보내는 첫발을 디딘 것이다.
>
> 그렇다면. 우리는 일상에서 어떻게 '기꺼이 경험하기'를 실천할 수 있을까? 다음의 작은 실천들이 그 시작이 되어줄 수 있다.

1. 감정을 알아차리기

감정이 올라올 때 그것을 회피하거나 비난하지 않고, 그저 그 자리에 함께 있어 준다.

"아, 지금 내가 불안하구나."

"지금 이 상황이 나를 슬프게 했구나."

그렇게 내 마음의 작은 진실을 인정해 주는 것이다.

2. 감정을 환대하기

감정을 느끼는 자신에게 이렇게 말해 보자.

"괜찮아, 이 감정도 나의 일부야."

"지금 이런 감정을 느끼는 건 너무도 자연스러워."

감정을 밀어내는 대신, 친구처럼 맞이하고 그 감정이 당신의 삶에 존재할 수 있도록 자리를 내어 주는 것이다.

3. 감정과 함께 동행하기

감정이 있다고 해서 삶을 멈출 필요는 없다. 불안이 있어도 발표할 수 있고, 수치심이 있어도 누군가를 만날 수 있다. 감정을 억누르기보다는 그 감정과 함께 살아가는 연습을 해 보자. 그것이 진짜 회복의 시작이다.

4. 작은 환대를 반복하기

처음에는 어렵고 어색할 것이다. 하지만 반복할수록 익숙해진다. 매일 아침 거울을 보며 자신에게 말해 보자.

"오늘도 수고했어. 어떤 감정이 오든 괜찮아."

"나는 나의 모든 감정을 환영해."

이처럼 그림자를 환대한다는 것은 완벽해지는 것이 아니라, 불완전한 나를 기꺼이 받아들이는 연습이다. 감정을 억누르지 않고, 있는 그대로 바라봐 주는 그 작은 환대는, 결국 나 자신과 다시 연결되는 다리가 된다.

마음이 흔들릴 때마다 떠올려 보면 좋을 시가 있다. 13세기 페르시아의 시인이자 신비주의 철학자인 루미(Rumi)는 인간의 감정을 '여인숙'에 비유했다. 잠시 시를 음미해보자.

《여인숙》

- 루미(Rumi)

인간이라는 존재는 여인숙과 같다.
매일 아침 새로운 손님이 도착한다.
기쁨, 절망, 슬픔
그리고 약간의 순간적인 깨달음 등이
예기치 않은 방문객처럼 찾아온다.

그 모두를 환영하고 맞아들이라.
설령 그들이 슬픔의 군중이어서
그대의 집을 난폭하게 쓸어가 버리고
가구들을 몽땅 내가더라도.

그렇다 해도 각각의 손님을 존중하라.
그들은 어떤 새로운 기쁨을 주기 위해
그대를 청소하는 것인지도 모르니까.

어두운 생각, 부끄러움, 후회
그들을 문에서 웃으며 맞으라.

그리고 그들을 집 안으로 초대하라.

누가 들어오든 감사하게 여기라.
모든 손님은 저 멀리에서 보낸 안내자들이니까.

그림자를 수용하는 것은 그저 감정을 견디는 것이 아니다. 그것은 나를 다시 삶 속으로, 관계 속으로, 내면의 평화 속으로 데려가는 시작점이다. 불편한 감정을 억누르지 않고도 살아갈 수 있을 때, 우리는 진정한 자유를 경험하게 된다. 그림자가 더 이상 두려운 존재가 아니라 나의 일부임을 이해하는 순간, 그림자와 함께 살아갈 수 있다는 사실을 깨닫는 순간, 우리는 더 이상 그림자에 쫓기지 않게 된다. 오히려 그림자와 함께 춤출 수 있는 사람이 된다.

그리고 바로 그 순간이 '오아시스 모먼트'다. 싸움을 멈추고, 나 자신과 화해하는 시간. 그림자의 수용을 통해 진짜 나에게 더 가까워지고, 그림자마저 나의 일부로 부드럽게 안아줄 수 있게 된다. 그림자는 통합해야 할 나의 일부이다. 우리는 나의 모든 조각들과 함께 비로소 온전해질 수 있다.

상처받은 내면아이 안아주기

내 안의 어린 아이가 살고 있었다

우리는 모두 마음속에 두 개의 자아를 품고 살아간다. 하나는 현재의 나, 지금 이 순간 살아가는 '성인 자아'다. 다른 하나는 어린 시절의 경험과 감정에 머물러 있는 어린 시절의 나, 즉 '내면아이'다. 지그문트 프로이트(Sigmund Freud)는 "어린 시절의 강렬한 경험은 성인이 되어서도 무의식 속에 남아 우리의 행동에 영향을 미친다."라고 말했다. 내면아이는 우리가 잊었다고 생각한 상처와 욕구들을 간직한 나의 한 부분이다. 사랑받고 싶었지만 외면당했던 마음, 억울하고 무시당할까봐 표현할 수 없었던 감정, 받아들여지지 못해 조용히 접어두었던 나의 진짜 바람까지, 내면아이 안에 남아 있다.

내면아이는 우리의 인격에서 가장 연약하고 상처받기 쉬운 부분이다. 이 아이는 종종 순수하고 천진난만한 모습으로 나타나지만, 대부분의 시간엔 억눌린 슬픔, 외로움, 두려움, 수치심을 안고 마음속 어딘가에 숨어 있다. 우리는 '이성적이고 강한 어른'이 되기 위해 이 아이를 무의식 깊은 곳에 가둬 두었다. 하지만 내면아이는 결코 사라지지 않는다. 우리의 삶이 뜻대로 풀리지 않거나, 사소한 말에 유난히 상처받거나, 불안감과 수치심이 올라오는 것은 내면아이가 조용히 울고 있다는 신호다.

이 아이는 성인이 된 나에게 말을 건다. 그러나 그 방식은 종종 혼란스럽고 고통스럽다. 왜냐하면 이 아이는 제대로 사랑받은 적이 없고, 감정에 대해 배운 적도 없기 때문이다.

"나는 부족해."

"나는 사랑받을 수 없어."

"나는 잘못된 사람이야."

이런 속삭임들은 단지 나약함이나 부정적인 생각이 아니다. 그건 내면아이가 우리에게 보내는 진심 어린 메시지다. 아이는 당신이 다가와 주기를 바라고 있다. "괜찮아. 너는 지금의 모습 그대로도 충분해."라고 말해 주기를 기다리고 있다. 심리학자 마거릿 폴(Margaret Paul)은 《내면아이의 상처 치유하기》에서 내면아이를 치유하기 위해 중요한 것은 "그 아이의 말에 귀 기울이고, 그 존재를 내 삶 속에 수용해주는 것"이라고 말한다. 그녀는 "내면아이 치유는 내면적인 유대감 형성을 통해 이루어진다."고 강조한다. 즉, 내면아이를 감정적으로 돌보고, 그 아이의 욕구에 반응할 수 있는 현명한 '성인 자아'가 되어 주는 것이 핵심이다.

성인 자아는 단순히 나이를 먹은 내가 아니다. 논리와 사고, 분별력을 갖춘 내면의 어른으로서, 나의 상처받은 어린 나를 따뜻하게 품어줄 수 있는 자아다. 그 아이가 "나는 사랑받지 못할 거야." "나는 혼자서는 아무것도 못 해."라고 외칠 때, 성인 자아는 이렇게 말해줄 수 있다.

"괜찮아. 네 감정은 자연스러워."
"너는 혼자가 아니야. 내가 함께 있어줄게."

그림자 이해하기

내면아이는 종종 우리가 지닌 '역기능적 신념'의 중심에 자리하고 있다. 자신은 어떤 존재여야만 한다고, 그렇지 않으면 가치가 없다고 끊임없이 말하고 있는 것이다.

'나는 착해야만 사랑받을 수 있어.'

'나는 실수하면 받아들여지지 않을 거야.'

'나는 혼자서는 아무것도 못 해.'

이런 믿음은 어린 시절 생존을 위해, 사랑받기 위해 채택할 수밖에 없던 전략이었다. 그러나 지금의 나는 더 이상 그 전략에 기대지 않아도 된다. 이제 우리는 그 믿음을 선택했던 아이를 이해하고, 따뜻하게 안아줄 수 있는 어른이 되었기 때문이다. 그림자를 통합한다는 것은 바로 이 내면아이를 품는 일이다. 어릴 적 느꼈던 감정과 욕구를 억누르지 않고 인정하고, 감싸 안아주는 것이다. 그 아이의 이야기를 들어주고, 억눌린 감정을 함께 느껴주고, "괜찮아. 너는 지금 이대로도 충분해."라고 말해주는 것이다.

그림자는 더 이상 밀어내야 할 대상이 아니라, 내 안에서 감싸 안아야 할 또 다른 나이다. 과거의 상처를 치유하는 것은 부모가 아닌, 바로 오늘의 나다. 마거릿 폴은 이어서 말한다. "부모에게서 어떤 양육을 받았든, 인생의 진실은 변하지 않는다. 내 마음을 다룰 수 있는 사람은 결국 나 자신

뿐이다." 우리는 스스로를 돌볼 수 있는 어른이 되었고, 이제는 그 아이의 부모가 되어줄 수 있는 충분한 힘을 가지고 있다. 그 아이를 품에 안는 순간, 우리는 더 이상 과거에 갇힌 무력한 존재가 아니다. 이제, 그 아이에게 부모가 되어주자. 말 없이 기다려왔던 그 아이에게 다가가 조용히 말해 보자.

"그동안 많이 외로웠지. 이제 괜찮아."
"내가 네 곁에 있어줄게."

[실습 5] 내면아이에게 현명한 부모 되어주기

어른이 된 내가, 어린 시절의 나에게 다가간다고 상상해 보자. 그 시절의 나는 어떤 상황이었는가? 무엇을 느끼고 있었는가? 누군가에게 버려진 듯한 느낌을 받았던 순간, 소리를 지르고 싶었지만 입을 다물었던 순간, 누군가가 꼭 안아줬으면 좋겠다고 느꼈지만 누구도 오지 않았던 그 순간, 이제는 내가 그 아이의 곁으로 가야 할 때다.

1. 어렸을 때 상처받았던 순간을 떠올리고 적는다.

언제였는가? 몇 살 무렵인가? 그때 어떤 일이 있었는가?(어떤 상황이었나?) 그때의 감정은 어땠는가? (두려웠는가? 외로웠는가? 슬펐는가?) 그때 무엇을 가장 원했는가?

_____

_____

_____

2. 그 아이에게 해 주고 싶은 말을 적는다.

_____

_____

_____

예)

"그때 정말 힘들었지, 내가 알아."

"너는 잘못한 게 없어."

"너는 그 상황에서도 너무 잘 버텼어."

"누군가가 있어 줬다면 좋았을 텐데, 지금 내가 있어 줄게."

> **3. 그 아이에게 해 주고 싶은 행동을 상상하고 묘사한다.**
>
> _____
>
> _____
>
> _____
>
> 예)
> 아이를 다정하게 안아 주는 모습을 상상한다.
> 따뜻한 담요를 덮어 주고, 쿠키와 우유를 건네며 아이를 보살핀다.
> "괜찮아. 이제 내가 너를 돌볼게"라고 다정하게 말해 준다.

이 실습은 과거를 바꾸기 위한 것이 아니다. 이미 지나간 과거는 돌이킬 수 없다. 하지만 그때 느꼈던 감정은 위로할 수 있다. 그리고 그 감정이 더 이상 현재를 지배하지 않도록 도와줄 수 있다. 내면아이는 여전히 우리 안에 있다. 그 아이는 오랫동안 기다려 왔다. 이제 어른이 된 내가 그 아이의 부모가 되어줄 차례다.

나에게 보내는 따뜻한 위로,
자기연민의 목소리

우리는 타인에게는 따뜻하면서도, 정작 자신에게는 혹독하다. 누군가가 힘들다고 말하면 위로하면서도, 자신이 지쳤을 때는 '왜 이렇게밖에 못하니?', '더 잘했어야지' 하고 말한다. 실수했을 때, 실패했을 때, 무언가 부족하게 느껴졌을 때 자신을 너무나 익숙하게 원망하고 꾸짖는다. 미국 텍사스대학교 교육심리학과 부교수인 크리스틴 네프(Kristin Neff)는 "자기비난은 우리의 내면아이를 더욱 위축시키고, 자존감을 약화시킨다."라고 지적한다.

우리가 스스로에게 던지는 날카로운 말들은 내면 깊은 곳, 가장 연약한 아이의 마음을 더 깊이 상처 입힌다. 내면아이를 치유하고 다시 돌보기 위해서는 자신을 대하는 방식을 바꿔야 한다. 자기비난의 화살로 상처를 깊게 만들기보다는, 자기연민의 따뜻하고 애정 어린 손길로 감싸 안아야 한다. 내면아이가 정말 원하는 것은 꾸짖음이 아니라, 인정과 위로다.

임상 심리학자인 폴 길버트는 자기비난이 신체의 위협-방어 체계를 활성화시킨다고 말한다. 이 체계가 작동하면 우리는 투쟁하거나, 회피하거나, 얼어붙는다. 즉, 내면의 목소리가 스스로를 공격하게 되는 것이다. 하지만 다행인 건, 우리는 포유류라는 사실이다. 우리 뇌 속에는 '돌봄 시스템'이 내장되어 있다. 이 돌봄 시스템은 자기연민을 통해 활성화되며, 옥시토신과 엔도르핀 같은 회복 호르몬을 분비시킨다.

한번 상상해보자. 만약 당신의 눈앞에 상처받은 3살짜리 어린아이가 있다면 어떻게 할 것인가? 그 아이가 "나는 부족해." "나는 잘못된 사람이야."라며 울고 있다면, 당신은 어떻게 반응할 것인가? 우리는 자연스럽게 그 아이 옆에 조용히 앉아 부드럽게 토닥여 주고 말할 것이다.

"울어도 괜찮아."
"너무 힘들었겠다."
"네가 잘 못한게 아니야."

바로 그 마음, 그 따뜻한 태도가 지금 우리 안에 있는 내면아이에게도 필요한 것이다. 자기연민(Self-Compassion)이란 친한 친구를 대하듯 나 자신을 따뜻하게 대하는 것이다.

사실 우리는 스스로를 돌보는 법을 배운 적이 없다. 오랜 시간 타인의 시선과 기준에 맞춰 살아왔고, 우리 안의 목소리보단 외부의 평가를 더 중요하게 여겨왔다. 어릴 적 우리에게 "괜찮아."라고 말해준 사람이 없었다면, 이제는 어른이 된 내가 그 역할을 대신해야 한다. 이것이 자기연민이다. 자기연민은 내면아이를 재양육하는 또 다른 방식이다. 내면 아이에게 이렇게 말해주는 것이다.

"지금 힘든 건 당연해."
"하지만 나는 항상 너의 편이야."
"오늘도 고생했어. 나를 믿어줘서 고마워."

처음엔 어색하고, 조금은 낯설 수 있다. 하지만 이 다정한 연습이 반복될수록 우리는 더 이상 비난하는 내면의 부모가 아니라 지지하고 돌보는 내면의 친구가 되어간다. 자기연민은 배울 수 있다. 자기연민은 우리에게 고통과 어떻게 관계 맺을지를 가르쳐준다. 이는 단순히 기분을 좋게 하려는 것이 아니다. 오히려 고통스럽기 때문에, 그 고통을 겪고 있는 자신에게 연민을 보내는 것이다. 상처받은 나를 비난하거나, 비판하는 대신 친절과 이해로 돌보는 것이다. 명상 지도자인 페마 초드론(Pema chodron)은 이렇게 말했다. "중요한 것은 우리 자신을 버리고 더 나은 무언가가 되려는 것이 아니다. 이미 있는 그대로의 우리 자신과 친구가 되어 주는 것이다."

[실습6] 나에게 연민어린 편지쓰기

나에게 다정해지기 위한 연습으로, 연민을 담은 편지를 자신에게 써보자. 이 편지는 누구도 보지 못한다. 오직 당신 자신을 위한 가장 따뜻한 편지이다. 자신을 비난하는 마음을 내려놓고, 상처받은 내면아이를 따뜻하게 안아주는 마음으로 써보자.

1. 먼저, 조용하고 편안한 시간을 마련한다.

잠시 눈을 감고, 지금 떠오르는 감정에 조용히 귀 기울여 보자. 혹시 최근 지치거나, 힘들었던 순간이 떠오른다면 그 장면을 부드럽게 떠올려보자.

2. 자기연민의 마음을 담아 편지를 쓴다.

다음과 같은 문장으로 시작해보자.

"나는 지금 _____ 때문에 힘들어."

내면아이에게 말을 건넨다는 마음으로 적어보자. 따뜻한 말, 위로하는 말, 지지하는 말을 자유롭게 보낸다. 고통받고, 힘들어하고 있는 친한 친구에게 이 편지를 보낸다는 생각으로 접근하면 조금 더 편안할 수 있다.

예)

"그동안 많이 외로웠지. 이제는 내가 곁에 있어 줄게."

"너는 사랑받기에 충분한 존재야."

> "실수해도 괜찮아. 나는 너를 절대 포기하지 않아."
>
> **3. 편지를 다 쓴 후, 조용히 한 번 읽어보는 시간을 갖는다.**
> 그리고 마음 깊은 곳에 이렇게 말해보자.
> "나는 나를 친절하고, 다정하게 대할 수 있는 사람이다."

나에게 편지를 쓴다는게 처음에는 어색할 수 있다. 이런 사람들을 위해 MSC(Mindful Self-Compassion) 프로그램을 개발한 크리스틴 네프와 크리스토퍼 거머(Christopher K. Germer)의 책 《나를 사랑하기로 했습니다》에서 다음 3가지 방법을 제안한다.

1. 지혜롭고, 사랑이 충만하며, 연민어린 가상의 친구를 떠올리고 그 친구의 관점에서 당신 자신에게 편지를 써 본다.
2. 깊이 사랑하는 친구가 당신과 똑같은 일로 힘들어할 때, 그 친구에게 말하듯이 편지를 쓴다.
3. 당신 안의 연민적 일부가, 힘겨워하는 당신의 다른 일부에게 편지를 쓴다.

삶이 힘들고 외로운 순간, 우리 곁에는 언제나 친절하고 사랑 넘치는 연민의 자아가 함께할 수 있다. 나의 아픈 마음을 다그치거나 고치려 하지 않고, 그저 다정하게 들어주고 토닥여주는 것으로도 충분하다. 그리고 조용히 물어보는 것이다.

"너에게 필요한게 뭐니?"

그 친절하고 따뜻한 마음을 나에게 보내는 것이다. 연민 어린 편지는 그 연습을 시작하는 작은 실습이 되어줄 것이다. 참고할 수 있도록 연민어린 편지의 예시를 덧붙인다.

[자기연민 편지 예시]

To. 나에게

요즘 참 많이 힘들었지?

하루하루 최선을 다했는데도 마음처럼 되지 않아 답답했던 걸 알아. 화도 나고, 억울하고, 속상하기도 했지.

그런데도 꿋꿋이 버텨준 너에게 정말 고맙고 대견해.

완벽하지 않아도 괜찮아.

조금 느려도 괜찮아.

항상 잘하려고 애쓰는 너를,

나는 진심으로 자랑스럽게 생각해.

힘들 땐 쉬어도 괜찮아.

실수해도 괜찮아.

나는 언제나 네 편이야.

오늘도 여기까지 온 너를 진심으로 응원해.

나는 네가 행복하기를, 네가 편안하기를 바라.

고마워, 그리고 사랑해.

내면아이를 위한 심리적 안식처

지금까지 우리는 내면아이를 돌보기 위해 현명한 부모가 되어주는 방법과, 그 과정에 필요한 자기연민의 마음을 배웠다. 하지만 연민만으로는 충분하지 않다. 이 아이가 다시 세상과 만날 수 있으려면, 따뜻하고 안전한 공간이 필요하다. 내면아이는 세상을 두려워한다. 누군가의 시선이나 말 한마디에 금세 움츠러든다.

"넌 왜 그렇게 예민해?"

"그건 아무 일도 아니잖아."

이런 말들이 너무 익숙했던 아이는 언제나 스스로를 탓한다. 그리곤 마음의 가장 깊은 곳으로 숨어버린다. 우리는 이 아이가 다시 세상 밖으로 나올 수 있도록 따뜻하고 안전한 '심리적 공간'을 만들어 주어야 한다. 그 공간은 특정한 장소나 상황이 아니다. 바로 당신 마음속에 상상으로 만드는 오아시스다.

이 오아시스는 도피처가 아니다. 그보다는 지친 마음이 잠시 숨을 고르고, 다시 삶 속으로 나아가기 위한 '정서적 휴식처'다. 내면아이는 존재 그 자체로 소중한 존재다. 그 아이가 나올 수 있도록 무조건적인 환대와 수용의 공간이 필요하다. 그 공간에 들어온 아이는 마음을 열고 이렇게 말할 것이다.

"사실 나는 무서웠어."

"나는 스스로를 부끄럽게 여기고 있었어."

"이게 나야."

이제, 나만의 오아시스를 상상해 보자. 당신의 마음속에 가장 편안하고 고요한 장소를 떠올려보자. 아무도 방해하지 않고, 오직 나 자신만을 위한 공간. 그 안에 무엇이 있든 괜찮다. 작은 나무 그늘, 부드러운 바람, 따뜻한 햇살, 흙길을 걷는 감각, 물소리, 풀 냄음…

이제, 그곳에 당신의 내면아이를 초대해보자.

지금부터 이어질 실습은 바로 당신만의 오아시스를 마음속에 만들어 가는 시간이다. 그 공간에서 내면아이와 함께 진짜 나의 목소리를 듣고, 회복을 경험해보자.

[실습 7] 나만의 오아시스 상상하기
- 당신 안에 있는 가장 평온한 장소로

이제 당신의 내면아이가 편안히 숨 쉴 공간을 만들어 줄 시간이다. 눈을 감고 편안한 자세를 취해 보자. 천천히 숨을 들이시고 내쉬며, 몸의 긴장이 부드럽게 풀리는 것을 느껴 본다. 심호흡을 이어가며 마음을 고요하고 차분하게 가라앉힌다. 그런 다음, 마음속에 나만의 고요하고 성스러운 오아시스를 떠올려 본다. 그곳은 어떤 장소인가?

- 햇살이 부드럽게 스며드는 숲속의 작은 오두막일 수도 있다. 나뭇잎이 바람에 흔들리며 나지막한 소리를 낸다. 땅에는 이끼가 부드럽게 깔려 있고, 나무 사이로 비치는 햇살은 따뜻하다.
- 끝없이 펼쳐진 푸른 바다의 해변일 수도 있다. 바닷바람은 상쾌하고, 모래는 따뜻하며, 잔잔한 파도 소리가 마음을 다독여 준다.
- 혹은 눈이 소복이 내리는 작은 산장의 벽난로 앞일 수도 있다. 담요를 덮고, 차 한잔을 마시며 편안히 앉아 있는 모습일 수도 있다.

중요한 것은 이 공간이 나에게만 허락된 장소라는 점이다. 누구도 방해할 수 없고, 그 어떤 판단도, 비난도 없는 절대적으로 안전한 공간이다. 그 안에서 당신은 어떤 모습이든 있는 그대로도 충분히 사랑받고, 괜찮은 존재가 된다.

이제 공간을 더 생생하게 느껴보자. 눈으로 단지 '보는' 데서 그치는 것이 아니라 느끼고, 듣고, 냄새 맡고, 만지는 것을 상상해 보자. 가능하면 오감 전체를 사용해서 공간을 느껴 본다. 그렇게 하면 더 생생하게, 더 선명하게 자리 잡는다.

- 하늘은 어떤 빛인가?
- 어디선가 들려오는 소리가 있는가?
- 바람은 어떤 촉감인가?
- 이 공간에서 나는 어떤 향기를 맡을 수 있나?
- 발밑의 촉감은 어떤가?

처음에는 상상이 잘 안될 수도 있다. 괜찮다. 중요한 것은 '잘 그려내는 것'이 아니라, 내면을 돌보려는 따뜻한 의도를 품는 것이다.

이제 이 오아시스 안에 자신이 편히 쉴 수 있는 자리를 만들어보자. 숨을 깊이 들이쉬고, 내쉬며, 그 자리에서 고요히 머물러 본다. 다시 호흡에 집중하며 몇 차례 심호흡을 이어간다. 고요하고 따뜻한 느낌이 들기 시작한다. 안전한 공간 속에서 몸은 자연스럽게 이완된다. 어깨의 긴장감이 조금씩 풀리고, 턱이 부드러워지며, 복부가 고요하게 움직인다. 자연스러운 미소를 지어 본다. 한두 차례 호흡을 이어가며 마음속으로 따뜻함과 친절을 불어넣어 본다. 마음속으로 이렇게 말해보자.

"괜찮아. 여기는 너만을 위한 공간이야."
"너는 지금 무엇을 느끼고 있니?"
"너에게 필요한게 무엇이니?"

이 공간을 만들고 반복적으로 들를 때, 마음은 점점 더 자신을 수용하는 법을 배우게 된다. 당신은 언제든 마음의 안식처로 돌아올 수 있다. 그곳은 내면아이와 연결되는 통로가 되어준다. 삶의 한가운데에서, 바쁜 일상 속에서도, 오아시스를 잠시 떠올리는 습관이 생긴다면 마음은 점점 더 안전하다는 확신을 갖게 된다. 그곳은 세상의 기준과 시선이 닿지 않는 장소이며, 나와 내면아이가 깊이 연결될 수 있는 공간이다.

이 안전한 공간에서 우리는 그 아이를 바라보고, 이야기를 들어주고, 따뜻하게 안아줄 수 있다. 이 공간은 언제든 들어올 수 있는 당신만의 오아시스다. 당신이 필요할 때 언제든 다시 돌아올 수 있는 '심리적 안식처'가 되어줄 것이다.

오랫동안 기다려온 만남, 내면아이 초대하기

이제, 우리는 아주 오랫동안 기다려온 한 존재를 초대하려 한다. 바로 당신 안에 있는 어린 나, 내면아이다. 틱낫한 스님은 《화해》에서 이렇게 말한다. "당신 안에는 상처받은 어린아이가 있습니다. 그 아이는 여전히 치유를 기다리고 있습니다. 당신이 그 아이를 돌보지 않으면, 그 아이는 계속해서 주의를 끌기 위해 울부짖을 것입니다." 그 아이는 늘 그 자리에서 당신의 손길을 기다리고 있었다. 이제, 용기를 내어 손을 내밀어 보자.

이 만남은 단지 상상에 머무는 것이 아니다. 감정은 실제로 반응하고, 치유는 신경계와 감정에 깊은 영향을 미친다. 우리가 마음속 깊은 곳으로 들어가 그 아이의 손을 잡을 때, 실제로 우리의 뇌와 신경계는 회복과 안정의 반응을 시작한다. 마인드사이트 연구소의 소장이자 UCLA 마음챙김 인식 연구센터의 공동 책임자인 대니얼 시겔(Daniel J. Siegel)은 "우리의 감정은 관계 속에서 생기고, 관계 속에서 치유된다."고 말한다. 내면아이와의 만남은 자신과 맺는 가장 깊은 관계의 시작이 될 것이다. 바로 이 순간, 당신이 손을 내미는 그 의도가 회복의 시작이 된다.

이제, 오아시스 안으로 조용히 들어가 보자. 그곳에서, 당신 안의 어린 나를 만나보자. 당신 안에 여전히 살아 숨 쉬는 순수하고 상처받은 그 아이에게 조심스럽게 다가가자. 이 만남은 잊고 있었던 나의 일부분과 다시 연결되는 시간이 될 것이다.

[실습 8] 내면아이 명상

1. 준비하기 - 호흡과 이완

편안한 자세로 앉거나 누워서 천천히 눈을 감는다. 숨을 깊게 들이쉬고, 부드럽게 내쉰다. 마음을 잔잔한 호수처럼 고요해질 때까지 몇 번이고 깊고 편안한 호흡을 반복하며, 내면으로 들어갈 준비를 한다.

2. 안전한 공간 떠올리기

앞서 상상했던 나만의 오아시스로 들어간다. 그곳은 누구의 비난도, 판단도 없는 안전한 장소다. 그곳에서 당신은 있는 그대로 온전할 수 있다.

3. 내면아이를 초대하기

멀리서 작은 발소리가 들려온다. 조심스럽게 다가오는 그 아이는 어린 시절의 당신, 내면아이다. 그 아이는 말없이 서 있거나, 눈물을 흘리거나, 혹은 등을 돌리고 있을 수도 있다. 어떤 모습이든 괜찮다. 그저 따뜻한 눈빛으로 바라봐 주는 것만으로도 충분하다.

4. 다가가서 말 걸기

이제, 천천히 아이에게 다가가 부드럽게 말한다.

"나는 네가 어떤 이야기를 해도 괜찮아."

"나는 네 편이야."

"너의 감정은 다 괜찮아."

아이의 반응을 기다린다. 아이는 울음을 터뜨릴 수도 있고, 분노하거나 아무 말도 하지 않을 수도 있다. 괜찮다. 그 어떤 반응도 다 존중받아야 마땅하다. 지금은 있는 그대로 아이의 감정을 들어주는 시간이다.

5. 아이를 안아 주기

말로 전달할 수 없다면, 행동으로 마음을 전한다. 아이의 손을 잡고, 품에 안아 주며 말한다.

"그동안 외롭게 해서 미안해."
"넌 혼자가 아니야. 이제 내가 지켜줄게."
"너는 그 자체로 소중한 아이야."

내면아이가 마음의 문을 열었다면 아이의 표정이 조금씩 달라지거나, 마음속에 따뜻함이 번지기 시작하는지를 느껴 보자. 천천히 조심스럽게 사랑하는 사람을 대하듯 애정 어린 눈빛으로 어린아이를 보살펴 주자. 편안함을 느끼는 선에서 어린아이와 대화하는 시간을 가져보자.

"네가 필요한 것은 무엇이니?"
"내가 무엇을 해 주면 좋겠니?"

6. 현실로 돌아오기
이제 내면아이와 헤어질 시간이다. 아이에게 조용히 말해 준다.

"언제든지 여기로 다시 올 수 있어."

> "이곳은 너를 위한 곳이야. 내가 항상 너와 함께 있을게."
>
> 천천히 아이를 바라보며 인사한 뒤, 심호흡을 몇 차례 하며 현실로 돌아온다. 지금, 현실에 있는 나의 감각으로 주의를 돌려본다. 바닥과 닿아 있는 부분의 느낌, 발, 무릎, 골반, 척추, 가슴, 목, 얼굴… 그리고 준비가 되면 부드럽게 눈을 뜨며 내 자리로 돌아온다.

당신의 실습이 어떻게 진행되었는지 궁금하다. 그 아이를 잘 만나고 왔는가? 혹은 낯설어서 집중하지 못했을 수도 있다. 어떤 경험이든 다 괜찮다. 중요한 것은 완벽하게 해내는 것이 아니라, 아이에게 다가가고자 하였던 당신의 진심이다. 당신의 제스처를 그 아이가 느낄 수 있도록 마음을 전할 뿐이다. 그 경험을 기록으로 남기거나, 여유가 있다면 믿을 수 있는 사람과 나눠 보는 것도 좋다. 내면아이에게 말을 거는 순간 들었던 감정을 기억하자. 나를 온전히 수용하고, 따뜻하게 대할 수 있다는 것을 기억하자.

때로는 내면아이와의 만남이 쉽지 않을 수 있다. 상상이 잘되지 않거나, 마음이 무덤덤하게 느껴질 수도 있다. 그럴 때는 너무 애쓰지 않아도 된다. 아직은 내가 준비되지 않았을 수도 있고, 그 감정이 너무 커서 압도되었을 수도 있다. 만약 그런 경우라면 다음의 문장을 읽어 보고 자신의 반응을 탐색해 보자.

[실습 9] 자기수용 문장 읽기

다음 문장을 천천히, 마음을 담아 소리 내어 읽어보자. 그리고 어느 문장에서 감정이 올라오는지 주목해 본다. 하루에 한 문장씩 골라 마음에 새기며, 스스로 위로와 연민을 보내는 연습을 해본다. 자신에게 따뜻한 목소리를 들려주는 것만으로도 내면아이는 조금씩 당신 곁에 머물 준비를 시작할 것이다.

"나는 네가 어떤 모습이든 사랑해."
"넌 있는 그대로 소중해."
"나는 지금 이 순간의 나를 그대로 받아들일거야."
"완벽하지 않아도, 부족해도 괜찮아."
"나는 내가 생각하는 것보다 훨씬 멋진 사람이야."

> "나는 존중받을 가치가 있는 사람이야."
> "나는 좋은 것을 누릴 자격이 있는 사람이야."
>
> 위의 문장들은 단순한 위로의 말이 아니다. 마음속 깊은 곳의 상처를 어루만지는 약이 되고, 얼어붙은 내면을 녹이는 따뜻한 손길이 된다. 어떤 문장에서 마음이 울컥했다면, 그건 바로 내면아이가 반응하고 있다는 신호다. 그 아이는 오랫동안 당신의 따뜻한 시선과 작은 속삭임을 기다려 왔는지도 모른다.

내면아이는 한 번 안아 준다고 해서 사라지지 않는다. 그 아이는 삶의 여러 순간에 다시 나타나고, 불현듯 찾아와 손을 내밀 것이다. 중요한 것은 우리가 이제 그 아이의 손을 외면하지 않고 부드럽게 잡아줄 수 있는 존재가 되었다는 것이다. 우리는 내면 깊숙한 상처와 그림자를 바라보고, 그 감정들과 마주하며, 그 아이에게 따뜻한 손을 내밀 수 있게 되었다.

이제, 우리 안에 있던 두려움과 수치심, 외로움을 포용한 채로 한 걸음 더 나아가 보자. 오아시스 모먼트의 세 번째 단계, '돌보기(Nurture)'에서는 나를 이해하는 것을 넘어서, 변화하고 성장하는 방법에 대해 알아볼 것이다. 내면아이를 부드럽게 돌보는 과정에서 내 안의 잠재력과 밝은 그림자, 새로운 가치관을 발견할 수 있을 것이다.

나 자신과 친구가 될 수 있다면,
모든 사람과 친구가 될 수 있다.

- 세네카

5장 빛을 돌보기

OASISMOMENT

우리의 가장 깊은 공포는
우리가 무능력하다는 것이 아니다.
가장 깊은 공포는 바로
우리에게 대단한 힘이 있다는 사실이다.

- 마리안 윌리암슨

그림자에도
빛이 있다면

어둠을 지나,
빛으로

 어둠을 지나왔으니, 이제는 빛을 만날 차례다. 우리는 앞선 여정에서 자신의 고통을 직면하고, 그 이면에 감춰져 있던 상처받은 내면아이와 마주했다. 이제 그 아이가 가진 가능성을 키워 보자. 오아시스 모먼트 SUN의 마지막 단계는 '돌보기(Nurture)'이다.

 돌보기는 회피하거나 덮어두고 모르는 체하는 것이 아니다. 자신을 더 깊이 이해한 후 조금 더 다정하게, 조금 더 애정 어린 시선으로 살피는 일이다. 오아시스 모먼트의 마지막이 돌보는 것으로 마무리되는 이유는 우리가 무언가를 제대로 돌보기 위해선 반드시 '멈춤(Stop)'과 '이해(Understand)'의 과정이 선행되어야 하기 때문이다. 멈추지 않고 돌보려 하면 무의식적인 자동 조종 모드 속에서 똑같은 패턴을 반복할 수 있다. 이해하지 않고 돌보려 하면 내가 진정으로 원하는 것이 무엇인지 모른채, 세상이 바라는 나를 만들기 위해 애쓰게 될지도 모른다.

돌보기는 상처를 감추는 일이 아니라, 그 상처를 극복하고 더 나답게 살아가겠다는 다짐이다. 가능성을 회복하고, 정체성을 다시 선택하는 일이다. 억눌렀던 나를 해방하고, 아직 발현되지 못한 부분을 보살피는 것이다. 이 장에서 우리는 그동안 묻어두었던 가능성을 다시 꺼내어 바라보고, 그것을 있는 그대로 인정하고 성장시키는 방법을 배울 것이다.

내 안의 숨겨진 빛, 밝은 그림자

우리는 보통 '그림자'라고 하면, 숨기고 싶은 상처나 부정적인 감정을 떠올린다. 분노, 질투, 수치심처럼 어두운 감정들 말이다. 하지만 융은 "우리 안의 그림자는 반드시 어두운 것만은 아니다. 우리는 종종 빛나는 자질조차 억누른다."라고 말했다.

융은 그림자에 이어 '밝은 그림자'라는 개념을 제안했다. 밝은 그림자란 우리가 아직 인식하지 못했거나, 인식했음에도 받아들이지 못한 '내 안의 긍정적인 가능성'이다. 그것은 내가 진심으로 원하는 무언가일 수도 있고, 누군가에게는 당연해 보일지 몰라도 나에게는 선뜻 허락되지 않았던 '빛나는 모습'일 수도 있다. 밝은 그림자는 원래부터 내 안에 있었던 것이지만, '감히 내가?', '나는 그런 사람이 아니야'라는 믿음 속에 묻혀버린 가능성이다. 억눌러 버렸던 우리의 재능, 창의성, 영향력이 밝은 그림자 속에 숨어 있다.

데비 포드는 밝은 그림자를 다음과 같이 설명한다. "우리는 천재성, 유능함, 유머, 성공 혹은 용기까지도 묻어버렸는지 모른다. 우리의 완전한 자기표현, 독창성 혹은 기쁨에 찬 자아는 '너무 건방지게 굴지 마', '자랑하지 마. 그렇지 않으면 사람들이 너를 좋아하지 않을 거야', 아니면 '정상의 자리는 외로워'와 같은 말을 들은 후에 묻혀 버렸는지도 모른다." 가끔 누군가가 우리를 칭찬할 때 이상하게 불편해진 적이 있지 않은가?

"너 정말 재능 있다."

"그거 너한테 정말 잘 어울려."

"생각보다 끼가 많네?"

그 말들이 사실이라는 걸 알면서도, 왠지 얼른 부정하고 싶어진다. 어떤 순간에는 그런 자신을 스스로 느껴본 적이 있음에도, 어쩐지 낯설고 부담스럽고 어색하게 느껴진다. "아니야, 난 그런 스타일 아니야." "그냥 운이 좋았던 거지, 뭐."와 같은 말로 스스로 작게 만든다.

왜 우리는 '좋은 말'을 듣고도 뒷걸음질 칠까? 왜 '내 안의 빛'을 외면하려 할까? 왜 우리는 좋은 것을 억누를까? 그것은 자라오며 내면화한 '역기능적 신념' 때문이다. '겸손해야 해', '너무 나대면 사람들에게 미움받아', '안정적인 길이 최고야'와 같은 말들을 자주 듣다 보면 점점 우리 마음에 깊이 새겨진다. 이런 신념은 한편으론 보호 메커니즘으로 작용하기도 하지만, 동시에 빛나는 가능성을 억압하고 삶의 중요한 기회들을 놓치게 만든다. 그래서 '이건 내가 감당할 수 없는 일이야', '나는 그런 사람이 아니야'라는 말로 자신의 가능성을 제한하며 살아가게 된다. 결국 우리의 빛을, 가능성을, 도전할 기회를 억누르게 만든다.

예를 들어 보자. 어릴 때부터 무대에 서는 걸 좋아하던 아이가 있었다. 춤을 추거나 노래를 부를 때면 온몸이 살아났고, 발표 시간에는 손을 번쩍 들며 말하기를 즐겼다. 하지만 아이는 어느 날 이런 말을 들었다.

"너무 튀면 친구들이 싫어해."

"예체능으로 성공하긴 힘들어."

그 아이는 스스로 바꾸기 시작했다. 그리고 아이의 빛은 조금씩 꺼졌다. 무대는 잊히고, 열정은 숨겨지고, '난 그런 사람이 아니야', '나는 그냥 평범한 애야', '난 그런 건 잘 못해'라는 말들과 함께, 가능성이 내면 깊숙이 숨어 버린다. 이때 형성되는 게 바로 밝은 그림자다. 한때는 설렜지만 허락되지 않았던 그 가능성이 그림자 안으로 숨어버린 것이다.

나 역시 그랬다. 대학원에서 자기소개할 때 나는 남편과 함께 유튜브를 운영한다는 말을 했다. 이후로 사람들은 나를 '50만 유튜버'라 불렀다. 하지만 나는 그 타이틀이 너무도 어색하고 불편했다. 나는 스스로 조용하고 내성적인 사람, 끼가 없는 사람이라 여겨왔기 때문이다. 유튜버라는 이름은 나와 맞지 않는 옷처럼 느껴졌다. 그래서 그 후로는 "SNS 콘텐츠 만들어요." "콘텐츠 마케팅 분야에서 일해요." 라며 돌려 표현하곤 했다.

내가 느낀 불편함의 근원은 '유튜버'라는 말이 자아상과 충돌했기 때문이었다. 그전까지는 항상 정해진 길만 걸었기에, 나는 내면의 '창의성'과 '좋은 영향력을 주고 싶은 마음'을 부정하고 있었다. 실제로는 무언가를 만들고 사람들에게 영향을 미치는 일을 좋아했지만, 그것을 온전히 받아들이지 못했다. 나는 밝은 그림자를 두려워하고 있었던 것이다.

"너무 나대는 사람처럼 보이지 않을까?"

"사람들이 실망하면 어쩌지?"

그 두려움이 내 안의 가능성을 축소시키고, 스스로 작게 만들었다. 이것이 바로 밝은 그림자를 억누르는 방식이다. 어쩌면 우리 대부분은 자신의 빛을 감추며 살아가는지도 모른다. 튀지 않아야 안전하다는 계산 아래, '그럴 자격이 없다'는 신념을 채택한 채로.

밝은 그림자를 억누르면, 처음엔 삶이 안정적으로 느껴질 수 있다. '튀지 않고 무난한 사람'으로 살아가는 것이 사회적으로 안전해 보이기 때문이다. 하지만 시간이 지날수록 무언가 채워지지 않는 공허함이 자라난다. '나는 이것으로 충분한가?', '더 나답게 살아갈 수는 없는 걸까?'라는 의문과 함께 나의 가능성을 탐색해 보고 싶다는 갈증이 올라온다. 그러한 갈증은 단순한 욕망이 아니다. 그건 내 안의 진짜 자아가 조용히 말 걸어오는 것이다.

"나에게는 이런 모습도 있는데, 왜 자꾸 무시해?"
"한 번쯤 펼쳐보면 안 될까?"

밝은 그림자는 '가면 증후군'이라는 형태로 나타나기도 한다. 충분한 성취를 이룬 사람들이 속으로 '나는 사실 자격 없는 사람일지도 몰라', '그저 운이 좋았을 뿐이야'라고 느끼는 것이 가면 증후군이다. 밝은 그림자를 받아들이지 못할 때, 우리는 종종 자신의 능력까지 의심하게 된다. 그 결과, 기회가 왔을 때도 '나 같은 사람이 감히…'라며 한 걸음 물러서고, 그 후에는 자책과 아쉬움이 밀려온다. '내가 조금만 더 용기 냈다면 어땠을까', '왜 그때 한번 해 보지 못했을까' 하는 후회가 마음을 짓누른다.

이처럼 밝은 그림자는 우리의 기회와 성장을 막는다. 하지만 문제는 그림자 자체가 아니다. 밝은 그림자를 받아들이지 못하는 태도가 우리의 삶을 축소시킨다. 나의 경우, 끼와 창의성을 '위험한 것'으로 인식했고, 그것을 표현하는 모든 순간을 불편하게 느꼈다. 자신의 가능성을 스스로 제한하고 있었던 것이다.

밝은 그림자는 '내가 생각했던 나'를 넘어서고자 할 때 등장한다. '나는 조용한 사람이야'라고 정의했지만, 실제로는 말하기를 좋아하고 스토리텔링 능력이 뛰어날 수 있다. '나는 무대 체질이 아니야', '평범하게 사는 게 좋아'라고 생각했지만, 어느 날 문득 스포트라이트를 받고 싶은 욕망이 가슴속에서 꿈틀거릴 수 있다. 그럴 때 우리는 '내가 아닌 것 같아서', '부끄러워서', '부담스러워서' 그 빛을 애써 지워버린다. 그러나 그 간극을 받아들이고 나면, 우리는 한층 더 '넓은 나'로 확장될 수 있다.

당신도 혹시 누군가에게 "그거 잘하시네요."라는 말을 들었을 때 민망하거나 거북했던 적이 있는가? "제가요? 별거 아닌데요…."라며 얼버무린 적이 있는가? 그 순간은 어쩌면 당신의 '밝은 그림자'가 드러나려 했던 찰나였을지도 모른다. 우리는 너무 자주 그 찰나를 외면한 채 지나쳐 버린다. 그런 경험이 반복되면 결국 자신에 대한 이미지가 축소되고, 삶의 무대에서 자꾸 뒷자리로 물러서게 된다. 이제 스스로 물어보자.

'나는 지금 나의 어떤 자질을 외면하며 살아가고 있는가?'
'나에게 있는 어떤 재능이나 가능성을 나와는 거리가 있다며 밀어내고 있지는 않는가?'

혹시 당신 안에도 오랫동안 묻혀 있었던 밝은 그림자가 있다면, 이제는 그것을 꺼내어 천천히 바라볼 시간이다.

빛을 가로막는 사슬 끊어내기

이제 우리 안의 숨겨진 빛을 마주할 차례다. 나의 잠재력과 가능성은 결코 사라진 것이 아니다. 그저 '안 돼', '위험해', '너무 나서지 마'라는 수많은 금기로 인해 숨어 있었을 뿐이다. 이제는 그것을 다시 꺼내어 바라보려 한다. 오랜 시간 잊고 지냈던 빛은 여전히 우리 안에 존재하고 있다. 필요한 건 단 하나, 그 빛을 다시 믿을 용기다.

나는 늘 조용하고 평범해야 사람들이 나를 좋아한다고

믿어왔다. 하지만 그 신념을 조금씩 의심하기 시작하면서 알게 되었다. 그것이 나를 지켜주기도 했지만, 동시에 묶어두고 있었다는 것을. 당신에게도 이와 비슷한 신념이 있을 수 있다. 이런 말을 믿은 적이 있는가?

- "나는 평범해서 창의적인 건 못 해."
- "실패하면 사람들에게 무시당할 거야."
- "내가 잘한다고 말하면 건방지다고 생각할 거야."
- "내가 감당할 수 있는 크기 이상의 역할은 욕심이야."
- "진짜 재능 있는 사람은 따로 있어. 난 그냥 운이 좋았던 거야."

이런 신념은 삶에서 수많은 기회를 가로막는다. 새로운 제안이 들어왔을 때 움츠러들고, 하고 싶은 걸 생각하다가도 금방 멈칫하게 만든다. 삶이 확장되려는 순간마다 '그건 네가 감당할 수 없어', '네가 할 수 없는 일이야'라는 오래된 메시지가 자신을 주저앉힌다. 하지만 이쯤에서 우리는 중요한 질문을 던져야 한다.

"과연 이 신념은 사실일까?"

"이 신념 때문에 내가 삶에서 놓친 것은 무엇일까?"

대부분의 사람들은 이러한 질문을 진지하게 던지지 않는다. 왜냐하면 대부분의 신념을 '의심 없이' 받아들였기 때문이다. 부모님의 말, 선생님의 말, 친구의 조롱, 한 번의 실패에서 형성된 자기 이미지 등. 이 모든 것은 과거의 제한된 맥락에서 시작되어 지금의 나를 정의하는 믿음이 되었을지도 모른다. 하지만 그것이 지금의 나에게도 여전히 유효한 '진실'인지는 다시 물어봐야 한다.

우리는 신념을 다시 선택할 수 있다. 이미 마음속 어딘가에서 그것이 '불편하다'고 느껴졌다면, 그건 오래된 신념이 무너지고 있다는 증거다. 삶이 어딘가 막힌 듯 답답하게 느껴질 때, 반복적으로 똑같은 후회가 남는 순간이 있다면, 거기엔 변화가 필요한 신념이 숨어 있을 가능성이 높다. 우리는 오래된 믿음을 들여다봐야 한다.

[실습 10] 오래된 신념 내려놓기

1. 당신을 제한했던 신념을 떠올려보고 적는다.

혹시 제한된 신념들이 바로 생각나지 않는다면, 아래의 질문들을 따라가며, 당신의 밝은 그림자를 가리고 있던 신념의 베일을 하나씩 벗겨 보자.

2. 어떤 기회를 앞두고 주저했던 적이 있다면, 그때 어떤 생각이 막았는가?

**3. 어린 시절 내가 하고 싶었던 것을 포기한 이유는 무

엇이었는가?

---

4. 지금 나를 불편하게 만드는 말, 감정, 상황이 있다면, 그 바탕에는 어떤 믿음이 있는가?

(예시)

"나는 무대에 설 수 없어. 사람들 앞에서는 긴장하니까."

"내가 창의적이라는 건 말도 안 되는 소리야."

"책을 쓴다니 웃기지 않아? 그런 건 유명한 사람만 하는 거잖아."

5. 이제, 이 신념에 대해 이렇게 물어보자.

- 이 신념은 정말 진실인가?
- 이 신념 때문에 삶에서 놓친 것은 무엇인가?"

----

6. 이제 당신만의 '대안 신념'을 만들어 보자.

당신을 위축시켰던 말 대신, 가능성을 넓혀주는 말로 바꿔보자.

(예시)

"사람들 앞에 서는 게 떨리긴 하지만, 내 이야기는 누군가에게 울림이 될 수 있어."

"나는 아직도 배우고 있는 중이야. 하지만 내 방식대로 표현할 수 있어."

"글을 쓰는 사람이 되고 싶다면, 매일 한 줄이라도 쓰기 시작하면 돼."

처음에는 새로운 신념이 마음속 깊이 자리 잡기 어려울 수 있다. 입에 올려도 어딘가 어색하고, 마음 한편에서는 '정말 그래?' 하고 의심이 피어오를지도 모른다. 하지만 괜찮다. 신념은 '연습'으로 다져지는 것이지 '증명된 사실'로 시작되는 게 아니다. 새로운 신념은 반복해서 말하고 작은 행동으로 실천할 때, 당신의 뇌와 마음은 서서히 새로운 이야기를 사실로 받아들이기 시작한다. 처음엔 믿지 못해도 괜찮다. 중요한 건 믿고 싶은 의지다.

신념은 단순한 생각이 아니다. 작가이자 영적 심리학자인 웨인 다이어(Wayne Dyer)는 이렇게 말했다. "당신이 믿는 것이 당신의 현실을 만든다." 신념을 바꾸면 사고방식이 달라지고, 사고방식이 달라지면 행동이 달라지고, 행동이 달라지면 삶의 방향이 달라진다. 삶은 완전히 달라질 수 있다. 나 역시 그러한 과정을 지났다. 나는 다음과 같은 신념을 채택했다.

'내 안의 창의성과 영향력을 억누르지 않겠어.'

'나는 조용한 사람이지만, 동시에 표현을 좋아하는 사람이야.'

'나는 누군가의 삶에 도움이 되는 메시지를 전달할 수 있는 사람이야.'

이러한 문장들이 처음에는 낯설었지만, 점차 나를 향한 새로운 이야기가 시작되었다. 나는 새로운 신념을 증명하듯 책을 쓰게 되었고, 사람들 앞에 서는 것을 이전보다 편안하게 느끼게 되었다. 예전처럼 더 이상 '내가 뭐라고' 하는 생각으로 움츠러들지 않는다. 대신 이렇게 다정하게 속삭여준다.

"나도 할 수 있어."
"나는 나의 선택을 믿어."
"나는 내가 하고 싶은 걸 해도 괜찮아."

당신의 가능성은 지금 이 순간에도 조용히 숨 쉬고 있다. 그 가능성을 해방시키는 첫걸음은 더 이상 스스로 작게 만들지 않겠다고 결심하는 것이다. 여전히 두렵더라도 내면의 가능성을 믿어주는 것이다. 그 빛을 믿고 받아들이는 순간, 새로운 삶이 시작된다. 지금 이 순간, 당신의 마음속에 어떤 믿음을 심고 있는가?

내가 정말
원하는 삶은 무엇인가

삶의 끝에서
다시 삶을 선택하기

우리는 종종 이렇게 말한다.

"어떻게 살고 싶은지는 모르겠지만, 적어도 이렇게는 살고 싶지 않아."

그 말속에는 아쉬움이, 슬픔이, 그리고 미처 풀지 못한 어떤 바람이 숨어 있다. 어쩌면 우리는 아직 '정말 원하는 삶'이 어떤 모습인지 자세히 들여다본 적이 없었는지도 모른다. 만약 당신이 지금부터 '정말 원하는 삶'을 그려나갈 수 있다면 어떨까? 만약 당신이 더 이상 그림자에 쫓기지 않고, 나를 작게 만들지 않는다면 어떤 삶을 살고 있을까? 내면의 가능성을 마음껏 펼칠 수 있었다면 당신은 어떤 모습으로 살아가고 있을까? 당신의 삶에 어떤 풍경이 펼쳐질까? 그 삶은 거창할 필요도 화려할 필요도 없다. 그저 당신이 스스로 '좋다'고 느끼는 삶, 스스로 '잘 살았다'고 말할 수 있는 삶이면 충분하다.

지금부터 당신을 아주 특별한 내면의 여정으로 초대해 보려고 한다. 이 여정은 어디론가 떠나는 것이 아니라, 당신의 마음속 가장 깊은 진실로 들어가는 것이다. 그 여정의 문을 여는 도구가 바로 '추도식 명상'이다. 추도식 명상은 삶의 끝을 상상함으로써, 삶의 본질에 더 가까워지도록 돕는다. 심리학자이자 작가인 브론니 웨어(Bronnie Ware)는 《나의 오늘은 내일로 이어지지 않는다: 죽기 전에 후회하는 5가지》에서 이렇게 말했다. "사람들이 죽음 앞에서 가장 많이 후회한 것은 '남이 기대한 삶을 사느라, 정작 자신이 진짜 원하는 삶을 살지 못했다는 것'이었다."

죽음을 생각한다는 것은 결코 비극적인 상상이 아니다. 오히려 그것은 삶의 우선순위를 회복하는, 가장 솔직하고 강력한 도구이다. 스티브 잡스(Steve Jobs)는 스탠퍼드 대학교 졸업식 연설에서 이렇게 말했다. "죽음을 기억하는 것은 내가 인생에서 진정 중요한 선택을 할 수 있도록 도와준 가장 강력한 도구다."

이제 당신 앞에 놓인 이 실습은 지금의 삶을 잠시 멈추고, '나답게 사는 것'의 의미를 되짚는 시간이다. 그림자가 걷히고, 마음 깊은 곳에서 잠자고 있던 당신의 진짜 목소리가 깨어나기 시작할 것이다. 이 상상은 단순한 상상이 아니라, 당신이 어떤 삶을 선택할지 결정하게 해줄 중요한 내적 선언이 될지도 모른다.

이제 조용히 눈을 감고, 당신 인생의 마지막 장면을 그려볼 시간이다. '그 장면 속에서, 당신은 어떤 사람으로 기억되고 싶은가?', '당신이 사랑했던 것은 무엇이었고, 무엇을 위해 살았다고 말하고 싶은가?' 이 여정은 내면의 진실과 연결되기 위한 가장 용기 있는 여행이 될 것이다.

[실습 11] 나의 추도식 상상하기
- 삶의 끝에서 나를 바라보는 시간

잠시 눈을 감고 미래로 천천히 여행을 떠나보려 한다. 그 여정의 끝에서, 우리는 한 사람의 인생을 조용히 들여다볼 것이다. 그 사람은 바로, '당신'이다.

깊게 숨을 들이마시고, 조용히 내쉬면서 마음을 가라앉혀 본다. 시간이 흘러 먼 훗날, 당신은 긴 여정을 마치고 평화롭게 삶을 마감하였다.

그리고 지금, 당신을 사랑했던 이들이 한 자리에 모여 당신을 추모하는 추도식을 열게 되었다. 당신은 영혼의 모습으로 그 추도식에 조용히 참석하게 되었다. 자, 이제 상상의 문을 열고 그곳을 천천히 들여다보자.

추도식은 어디서 열리고 있나요?
당신에게 의미 있는 장소인가요?
그곳은 어떻게 꾸며져 있나요?
꽃으로 가득한가요? 빛이 들어오나요?

공간의 온도, 색감, 공기의 향기까지 그 장면을 생생히 떠올려 보자.
추도식장의 분위기는 어떤가요? 어떤 음악이 흐르고

있나요? 어떤 음식이 놓여 있고, 사람들은 어떤 표정으로 자리를 함께하고 있나요?

추도식에는 당신의 모습이 담긴 사진들이 전시되어 있다. 사진 속의 당신은 어떤 모습인가요? 누구와 함께 찍은 사진인가요? 무엇을 하고 있나요? 그 사진 속의 당신은 어떤 표정을 짓고 있나요? 혹시 웃고 있나요? 가슴 벅찬 순간인가요? 그 사진들을 보며 '이 사람은 어떤 삶을 살았을까?' 하고 잠시 느껴보자.

이제 장소를 옮겨 추도식장에 와 있는 사람들을 한 명씩 바라본다. 현실적으로 참석 가능한 사람인지를 따지지 않아도 괜찮다. 당신이 원한다면 누구든 이 자리에 함께할 수 있다. 살아 있는 이도, 이미 떠난 이도, 심지어 아직 만나지 못한 이들까지도. 당신이 참석하기를 바라는 사람이 있다면 누구라도 그곳에 소환할 수 있다. 그들은 당신을 추모하러 이곳에 왔다. 당신은 추도식장에 와 있는 사람들 한 명 한 명을 지나쳐 간다. 그들의 존재를 한 명씩 느끼면서, 그들이 느끼는 감정이 당신 마음속에 닿는다.

이제 추도식이 진행된다. 추도식은 소박하지만 따뜻한 분위기에서 진행된다. 당신이 지나온 길이 영상으로 재생

되고, 이를 사람들이 바라본다.

추도식의 마지막 순서로 당신과 아주 특별한 관계를 맺었던 몇몇 사람이 나와 당신을 기억하며 추도사를 낭독한다. 그들이 자리에서 일어나 당신이 어떤 존재였는지, 당신이 어떤 삶을 살다 갔는지를 추억하는 추도사를 낭독해 준다.

"그 사람은 제게 이런 존재였어요."

"그 사람은 제 삶에 이런 빛을 주었어요."

그들은 당신의 삶을 어떻게 기억하고 있을까요? 그들이 어떤 말을 하고 있나요? 그들이 말하는 당신은 어떤 사람이었나요?

잠시 그들이 하는 말을 들어보자. 마음 깊이 듣는다. 가만히, 천천히, 그 말들을 당신 가슴에 새겨봅시다.

이제 추도식이 끝났다. 미래로 떠난 당신은 이 여행을 마치고 다시 현재로 돌아온다. 천천히, 깊은 숨을 들이쉬고 내쉬며 지금 이 순간으로 돌아온다. 이제 호흡에 대한 주의를 부드럽게 내려놓고, 잠시 동안 자신의 경험 속에 고요히 앉는다. 조용히 눈을 감고 마음의 울림을 들어본다. 당신이 무엇을 경험했든 그저 있는 그대로의 당신이 되도록 허용한다. 그리고 준비가 되었을 때, 천천히 그리고 부드럽게 눈을 뜬다.

명상이 끝났다면, 이제 다음 질문에 답해 봅시다.

1. 지금 당신의 기분은 어떤가요? 살짝 울컥한가요? 차분하고 평온한가요? 뭔가 아련하게 남아 있는 감정이 있나요? (슬픔인가요, 따뜻함인가요? 아련함인가요, 충만함인가요?)

_____

_____

_____

2. 추도식에 참석한 당신이 보기에, 당신의 삶은 만족스러웠나요? 무엇이 좋았고, 무엇은 아쉬웠나요?

_____

_____

_____

3. 살아있는 사람이든 아닌 사람이든 누구나 소환할 수 있었는데, 누가 찾아왔나요? 내 삶을 기억해 준 사람은 누구였나요?

_____

_____

_____

4. 추도사를 낭독해 준 사람은 누구였나요? 그 사람이 했던 말 중, 특히 마음에 남는 날은 무엇이었나요? 그 사람이 전한 메시지는 당신에게 어떤 감정으로 다가왔나요?

_____

_____

_____

추도식이 알려주는 것들

상상을 마친 당신은 이미, 새로운 삶의 방향을 찾기 위한 한 걸음을 디뎠을지도 모른다. 그리고 가능하다면, 오늘 꼭 누군가에게 당신이 했던 이 상상에 대해 이야기해보자. 친구에게, 연인에게, 가족에게 "나 오늘, 내 추도식을 상상해 봤어."라고 이야기해 보는 것이다. 이야기를 하면서 더 느껴지는 것들이 있다. 당신이 느낀 감정들이 더 선명해지고, 가슴 속에 뿌리내리기 시작한다. 당신의 이야기를 누군가와 나누는 건 삶을 더 따뜻하게, 더 의식적으로 살아가기 위한 아주 소중한 연습이 될 수 있다.

사람마다 다양한 방식으로 추도식을 상상한다. 어떤 사람은 소중한 사람이 자신의 삶을 따뜻하게 기억해 주는 장면을 떠올리고, 어떤 사람은 오래도록 풀지 못했던 가족과 화해하는 경험을 한다. 누군가는 가슴 한편에 묻어 두었던, 사랑하는 사람과 재회하기도 한다. 또 어떤 이들은 전혀 예상하지 못했던 사람이 추도사를 읽어 줘서 놀라기도 한다. 이 상상은 결코 가볍지 않다.

"내 삶이 어떤 흔적을 남겼을까?"
"나는 누구의 마음에 어떤 모습으로 기억될까?"

이 질문들은 깊은 여운을 남기며, 우리를 삶의 한가운데로 데려다준다. 추도식을 상상해 보면, 그 안에 내가 정말로 중요하게 여기는 것이 무엇인지 드러난다. 어떤 관계를 가장 귀하게 여겼는지, 어떤 순간에 가장 빛났는지, 그리고 결국 어떤 삶을 살아가고 싶었는지를 조용히, 그러나 분명하게 마주하게 된다.

　추도식 명상은 삶의 끝을 상상함으로써 지금 이 삶을 더 선명하게 바라볼 수 있도록 한다. 죽음을 떠올리는 것은 어쩌면 두려운 일일 수 있다. 하지만 마지막 순간을 그려보는 경험이야말로 삶을 다시 선택할 수 있는 용기를 준다. 지금 이 삶이 얼마나 소중한지, 그리고 앞으로 어떻게 살아가야 할지 깊이 깨닫게 된다. 추도식 명상은 끝을 상상함으로써, 지금 이 순간을 새롭게 시작하기 위한 관문이 되며, 마음이 어지럽고 흐려질 때, 다시금 나를 삶의 중심으로 데려오는 강력한 질문을 던진다.

'나는 어떤 삶을 살고 싶었을까?'
'나는 지금 그 삶에 얼마나 가까이 다가가고 있을까?'

　그 질문 앞에 서면, 우리는 더 이상 타인의 기대 속에서 길을 잃지 않게 된다. 잠시 멈춰 내 삶을 다시 바라보고, 다시 나의 삶을 선택하는 것. 그리고 그곳에 서서, 지금의 삶이 타인의 기대를 채우기 위한 여정이었는지, 아니면 나의 진심과 선택으로 채워진 길이었는지를 진정으로 알게 된다. 이것이 바로 추도식 명상이 전하는 가장 큰 선물이다. 삶이 흔들릴 때마다 추도식 장면으로 다시 돌아와 보자. 당신이 진심으로 원하는 삶은 언제나 그 안에서 기다리고 있을 것이다.

밝은 그림자로
나를 재정의하다

우리는 지금까지 오랜 시간 억눌려 있던 욕구와 감정을 마주했고, 밝은 그림자라는 가능성을 받아들이기 시작했다. 이제 마지막으로 해야 할 일은 하나다. 새로운 정체성을 받아들이는 것이다.

정체성은 '나는 누구인가?'라는 질문에 대해 스스로 내리는 자신에 대한 인식이다. 정체성은 우리가 세상과 관계 맺는 방식, 삶을 바라보는 시선, 자신에게 내리는 허용의 크기까지 좌우한다. 우리가 자신을 어떻게 바라보는가에 따라 행동, 말투, 관계가 달라진다. 우리는 누구나 마음속에 '나'에 대한 이야기를 갖고 산다.

"나는 내성적이고, 원래 조용한 사람이야."

"큰 목소리로 말하거나 무대 앞에서 빛나는 일은, 내게 맞지 않아."

"나는 안정을 추구하는 타입이니, 모험적 선택은 감당 못 해."

"나는 평범하니까, 그런 거창한 일은 내 영역이 아니야."

"나는 원래 이런 사람이야."

이런 생각들로 자신을 제한하고 고정된 이야기를 반복한다. 처음엔 조심스럽게 꺼냈던 말들이 어느새 정체성으로 고정되면서 선택과 가능성의 크기마저 바꿔 놓는다. 이는 대부분 과거의 상처, 타인의 반응, 실패의 경험 속에서 만들어진다. 하지만 시간이 지날수록 점점 고정된 정체성으로 굳어진다. 그것을 변하지 않는 '사실'처럼 받아들이고, 점점 더 그 이야기 안에 갇히게 된다.

그러나 우리는 새로운 서사를 쓸 수 있어야 한다. 이는 스스로 허락하는 데서 시작된다. 타인이 써준 대본에서 벗어나, 내가 원하는 이야기의 첫 문장을 써야 한다. "나는 원래 이런 사람이야."가 아니라, "나는 이런 사람이 되고 싶어."라고 말할 수 있어야 한다.

조지 버나드 쇼(George Bernard Shaw)는 "삶은 자신을 발견하는 것이 아니라, 자신을 창조하는 것이다."라고 말했다. 밝은 그림자를 인정한다는 것은 그저 억눌린 재능과 가능성을 수용하는 데서 끝나지 않는다. 그것은 '내가 생각하던 나'보다 훨씬 더 큰 가능성을 품고 있을 수도 있다는 사실을 받아들이는 일이다. 그리고 이 깨달음은 곧 정체성을 확장하는 과정으로 이어진다.

우리는 종종 익숙한 서사에 머무른다. 자신의 능력과 잠재력을 충분히 인정하지 못하면 우리의 정체성은 한정되고, 삶의 가능성 또한 좁아질 수밖에 없다. 하지만 밝은 그림자를 받아들이는 순간, '어쩌면 내가 훨씬 더 다양한 면모를 가진 사람일지도 모른다'는 새로운 이야기가 시작된다.

물론 낯설고 부담스러울 수 있다. 하지만 정체성은 늘 그렇게 낯선 가능성을 초대하는 일에서 시작된다. 자신의 정체성을 바꾸고 싶다면 의식적으로 "나는 이런 모습도 될 수 있어."라고 선언하며 조금씩 바꿔가야 한다. 그 결심이 마치 씨앗이 흙을 비집고 나오듯 마음속 관성이 흔들리고, 어느 날 문득 '아, 나에게 이런 면도 있었구나'라며 스스로 확신하게 되는 계기가 찾아온다. 그 지점에서부터 '내가 뭐라고'라며 예전처럼 움츠러드는 것이 아니라 자신감 있게 도전할 수 있게 된다.

이 책을 쓰는데 거의 4년이란 시간이 걸렸다. 나는 글을 쓰는 데 익숙하지 않았기에 '작가'라는 정체성을 가져오기까지 많은 시간이 걸렸다. '내가 뭐라고 글을 쓸까'라는 서사가 나를 지배하고 있었다. 이 서사는 '가면 증후군(impostor syndrome)'의 전형적인 모습이었다. 하지만 이번에는 도망치지 않았다. 아무리 좌절스러워도, 고통스러워도, 내가 선택한 나의 빛이었기 때문이었다. 오아시스 모먼트를 지속적으로 실천하면서 내 안의 그림자와 가능성을 마주했고, 새로운 서사를 쓰기 시작했다.

'나는 누군가의 마음에 닿을 수 있는 글을 쓸 수 있는 사람이야.'

이 문장을 가슴에 새기고 매일 조금씩 글을 쓰기 시작했다. 처음엔 서툴렀고 가끔은 두려웠지만, 작은 글감들이 하나하나 쌓이면서 내면의 진짜 목소리를 찾아가는 여정이 되었다. '글을 쓰는 사람'이라는 새로운 정체성이 서서히 그러나 단단하게 내 안에서 자리를 잡아갔다.

당신은 어떤 정체성 속에 살고 있는가? 혹시 여전히 "나는 그런 사람 아니야."라고 말하며 과거의 서사 속에 갇혀 있지는 않은가? 혹은 '이 정도면 됐지', '난 원래 이렇잖아'라고 말하며 잠재력을 축소하고 있지는 않는가? 우리는 누구나 자기 삶의 작가가 될 수 있다. 당신은 당신 이야기의 주인공이고, 동시에 그것을 쓰는 서술자다.

멘탈리스트인 데런 브라운(Derren Brown)은 《모든 것이 괜찮아지는 기술》에서 다음과 같이 말한다. "우리가 좀 더 의식적으로 우리 자신의 이야기의 저자권(authorship)을 갖지 않으면 남들이 대신 우리 이야기를 쓰게 될 것이다." 그는 우리가 단지 외부의 서사를 읽는 수동적 존재가 아니라, 삶의 방향을 다시 쓸 수 있는 창조자임을 강조한다.

우리는 언제든 이전의 페이지를 덮고, 새로운 문장을 쓸 수 있다. 지금 이 순간부터 당신이 진짜 원하는 삶의 이야기를 시작해 보자. 타인이 써준 대본을 내려놓고, 내가 선택한 정체성으로 당신만의 서사를 새롭게 써 나가보자. 그 속에서 조금 더 자유롭고, 조금 더 빛나는 자신을 만나게 될 것이다.

[실습 12] 정체성 선언문

우리는 모두 무의식중에 어떤 '이야기'에 따라 살고 있다. 그 이야기는 때때로 나를 지켜주고, 때때로 나를 가두기도 한다. 지금 이 순간, 당신은 지금 어떤 정체성을 품고 살아가고 있는가?

지금의 이야기를 있는 그대로 바라보며, 아래 문장을 천천히 완성해 보자.

나는 원래 _____ 사람이다.
나는 절대로 _____ 하지 않는다.
나는 항상 _____ 해 왔다.

예를 들면 다음과 같다. '나는 사람들 앞에 나서기보단 조용히 있는 편이야.' '나는 도전을 피하는 편이야. 실패할까 봐 두려우니까.' '나는 항상 끝까지 해낸 적이 없어.'

위의 문장 중에서 당신의 가능성을 제한하고 있는 것이 있다면, 그건 다시 쓸 수 있는 '옛이야기'다. 이제는 새로운 이야기를 써 볼 차례다. 아래 문장을 따라 '당신이 되고 싶은' 새로운 모습을 선언해 보자.

나는 앞으로 _____ 사람으로 살아가고 싶다.
그래서 오늘 나는 _____ 를 해 보려고 한다.

예를 들면 다음과 같다.
"나는 내 이야기를 솔직하게 표현할 줄 아는 사람이다. 그래서 오늘은 SNS에 내가 느낀 감정을 한 줄이라도 써 보겠다."

새로운 나의
이야기로 살아가다

정체성은 고정된 것이 아니다. 우리는 종종 정체성을 '타고난 성격'처럼 받아들인다. 하지만 정체성은 반복되는 행동의 누적값이다. 행동이 쌓여 정체성이 되고, 그 정체성이 다시 행동을 규정하는 순환 속에서 자신의 모습을 만든다.

예를 들어, '나는 책을 안 읽는 사람이야'라는 정체성은 사실 '책을 자주 읽지 않았던 과거'에 불과하다. 하지만 오늘부터 하루 10분씩 책을 읽기 시작한다면 일주일, 한 달, 세 달 후에는 '나는 책을 읽는 사람이야'라는 새로운 정체성이 자라나기 시작한다. 그러면 당신은 새로운 이야기 속에서 살게 된다. 우리는 밝은 그림자를 확인하고도 이를 해방하려고 하지 않는다. 밝은 그림자가 빛을 발하려고 할 때마다 자신에게 이렇게 말한다.

"나에게 어울리지 않아."

"사람들이 실망하면 어떡해."

"내가 뭐라고. 내가 감당할 수 있는 그릇이 아니야."

자신의 가능성을 축소하고, 성취를 부정한다. 누군가 자신에게 가짜라고 말할까 봐 두려워한다. 하지만 그러한 불안감의 정체는 밝은 그림자가 현실로 드러나려는 순간 나타나는 저항이다. 불안은 성장의 전조다. 진짜 원하는 걸 향해 나아갈수록 자신의 가면이 불편해지고, 익숙했던 기존의 '내 이야기'가 무너지기 시작한다.

우리는 작은 행동으로 정체성을 바꾸어 나갈 수 있다. 지금 당장 무대에 서지 않아도 괜찮다. 책을 출간하지 않아도 괜찮다. 대단한 결과를 내지 않아도 지금 이 자리에서 다른 이야기를 쓸 수 있다.

오늘 자신에 관해 한 문장을 써 보는 것으로, 누군가에게 자신의 생각을 말해보는 것으로, 무시해 왔던 욕구에 단 한 번 관심을 기울이는 것으로 새로운 정체성을 시작할 수 있다. 이러한 작은 행동 하나하나가 '나는 이런 사람이야'라는 내면의 정체성을 다시 쓰는 증거가 된다.

'나는 창의성을 펼치는 사람이다'라고 정체성을 말하고 싶다면, 오늘 10분 동안 창의적인 활동을 해 보자. 그게 그림이든 글이든, 혼잣말이든 상관없다. '나는 표현하는 사람이다'라고 말하고 싶다면 오늘 자신의 진심을 누군가와 나눠보는 것이다. 그것은 친구와의 대화일 수도 있고, 짧은 문자 한 통일수도 있다. 이처럼 작은 행동이 쌓일 때마다 무의식은 그 증거들을 기억한다. 내면 깊은 곳에서부터 새로운 이야기를 가능하게 만든다.

'내가 생각보다 더 창의적인 사람이었구나.'

'내가 표현하는 걸 좋아하는 사람이었구나.'

그리고 어느 날, 당신은 오래된 서사를 자연스럽게 벗어던지고 이렇게 말할 수 있을 것이다.

"나는 이제 내가 써 내려가는 이야기 속에 살고 있어."

빛으로 나아가기

정체성은
행동으로 쓰여진다

우리는 새로운 정체성을 선택했다.

"나는 이런 사람이 되고 싶어."

그 다짐은 너무도 소중하지만, 바쁜 삶에 휩쓸리다 보면 금세 예전의 익숙한 이야기 속으로 돌아가게 된다. 진짜 변화는 깨달음보다 실천에서 시작된다. 내 안의 빛을 발견했다고 해도 그것이 저절로 자라나지는 않는다. 아무리 깊은 통찰과 감동을 느꼈다고 하더라도 실제로 그렇게 살지 않으면 삶은 다시 예전의 궤도로 돌아간다. 내 안의 빛을 발견했다면, 이제는 그것을 지속적으로 돌봐주어야 한다. 그래서 의도적인 실천, 나를 다시 훈련시키는 '루틴'이 필요하다.

정체성을 바꾸는 것은 '나를 다시 길들이는 일'이다. 나답게 사는 방식을 '습관화'하는 것이다. 이를 위해 필요한 것은 작더라도 일관적인 매일의 실천이다. 제임스 클리어(James Clear)는《아주 작은 습관의 힘》에서 다음과 같이 설명한다. "당신이 하는 모든 행동은 당신이 되고자 하는 사람의 유형에 대한 투표입니다. 단 한 번의 행동이 당신의 신념을 바꾸지는 않지만, 그 투표들이 쌓이면 새로운 정체성의 증거가 됩니다." 결국 습관은 우리가 어떤 사람인지를 스스로에게 끊임없이 상기시키는 일이다.

자신의 정체성을 일상에서 구체화할 수 있도록 도와주는 실천 방식을 나는 '정체성 루틴'이라 부른다. 이 루틴은 단순한 할 일 목록이 아니다. 나의 정체성을 지지하고 무의식이 새로운 이야기를 채택할 수 있게 도와주는 '의식적 연습'이다. "나는 이제 이런 사람으로 살기로 했어."라고 알려주는 다정한 루틴이다.

예를 들어, '나는 표현하는 사람이다'라는 정체성을 새롭게 선택했다면, 매일 짧은 글을 SNS에 쓰거나 감정을 솔직하게 표현하는 연습을 하는 것이 루틴이 될 수 있다. '나는 창의적인 사람이다'라는 정체성을 원한다면, 매일 10분간 그림을 그리거나 새로운 아이디어를 메모하는 것이 루틴이 될 수 있다. '나는 따뜻한 사람이다'라는 정체성을 선택했다면, 하루에 한 번 누군가에게 진심 어린 인사를 전하는 것도 루틴이 될 수 있다.

이처럼 정체성 루틴은 거창할 필요 없다. 중요한 건 작지만 일관된 행동, 그리고 의식적인 선택이다. 나의 가능성과 정체성을 '행동'으로 증명해 내는 연습, 그것이 진짜 변화의 열쇠다. 이 작은 루틴들이 쌓여 나를 바꾸고, 결국 삶의 방향까지 바꾸게 될 것이다. 그렇게 우리는 점점 그 이야기를 진짜 자신의 이야기로 만들 수 있다.

하루에 단 한번이라도 자신에게 이렇게 물어보자.

"나는 어떤 사람으로 살기로 했지?"
"오늘 그 정체성을 어떻게 살아볼 수 있을까?"

그 한 번의 질문이 하루의 방향을 바꾸고, 그 하루가 쌓여 인생의 흐름을 바꿔 갈 것이다.

[실습 13] 나만의 정체성 루틴 만들기

이제 당신만의 정체성을 매일의 삶 속에 넣을 루틴을 만들어 볼 시간이다. 지금 마음에 품고 있는 새로운 정체성이 있다면, 그것을 일상에서 어떻게 살아낼 수 있을지 구체적으로 그려보자. 일상의 작은 반복은 결국 나라는 사람을 다시 써 내려가는 힘이 된다.

1. 당신이 새롭게 받아들이고 싶은 정체성은 무엇인가?

지금 당신이 살아가고 싶은 이야기를 떠올려 보자. 내면에서 떠오르는 문장을 편안하게 적어보자. 이 문장은 당신에게 새로운 기준이자 방향을 알려줄 것이다.

_____

_____

_____

예)

"나는 내 감정을 솔직하게 표현하는 사람이다."

"나는 나 자신을 다정하게 돌보는 사람이다."

"나는 말보다 행동으로 실천하는 사람이다."

잠시 눈을 감고, 그 정체성으로 하루를 살아가는 모습을 상상해 본다. 그 하루는 어떤 감정으로 채워질까? 당신의 얼굴 표정은? 말투는? 사람들과의 대화는? 스스로를 대하는 태도는 어떤 모습일까? 그 장면을 생생하게 그려 보자.

2. 그 정체성을 표현할 수 있는 아주 구체적인 행동 한 가지는 무엇인가?

(이 행동은 작고, 구체적이며, 실현 가능한 것이어야 한다. 이 루틴은 정체성을 증명하는 표현의 도구이다.)

예)
"매일 자기 전, 일기장에 감정을 솔직히 써 보기."
"좋은 아이디어가 떠오르면 바로 메모해 두기."
"하루에 한 번 나에게 다정한 말을 건네기."

3. 그 행동을 매일 실천할 수 있는 루틴으로 만들어보자.

(정체성이 일상이 되기 위해서는 그 행동을 지속해가야 한다. 나에게 새로운 정체성을 믿을 수 있도록 작은 증거를 계속해서 쌓아보자. 잊지 않도록 시간, 장소, 방식 등을 미리 정해두는 것이다.)

예)

- 매일 할 수 있는 시간대 정하기(아침 루틴, 퇴근 루틴 등)
- 스스로 체크할 수 있는 작은 달력이나 메모장을 활용하기
- 포스트잇에 정체성 문장을 써서 책상이나 거울 옆에 붙이기
- 나를 위한 응원 문장을 핸드폰 배경 화면에 넣기
- 아침마다 스스로에게 질문하기: "오늘 나는 어떤 사람으로 살고 싶은가?"

당신은 지금, 스스로를 '다시 써 내려가는 중'이다. 정체성은 단 한 번의 선언이 아니라, 매일의 작고 일관된 선택이 쌓여 완성되는 이야기다. 당신이 적은 문장은 그저 종이 위의 문장이 아니다. 그것은 당신 안의 가능성이 깨

> 어나는 소리이다. 당신이 선택한 삶을 살아갈 자격은 이미 충분하다.

정체성은 단번에 바뀌지 않는다. 정체성은 우리가 지속적으로 선택하고 행동으로 증명해 내는 것이다. 그리고 그 행동은 아주 작아도 된다. 제임스 클리어가 말한 투표란 이런 것이다. 매일 내 안의 빛을 바라보는 3분, 내가 쓴 문장을 다시 읽는 1분, 누군가에게 진심을 전하는 짧은 대화, 이 모든 것이 나를 나답게 살아가도록 만드는 돌봄의 행동이다. 이 작은 행동들이 당신을 '살고 싶은 정체성'으로 이끌어 준다.

우리가 실습한 정체성 루틴은 당신이라는 사람의 내면을 지지하고 성장시키는 작고도 강력한 표지판이 된다. 그리고 어느 날 문득 '내가 진짜 그러한 사람이 되어가고 있구나' 하는 확신이 내면에 찾아올 것이다. 그리고 내 안의 빛이 점점 더 단단해지고 있다는 것을 스스로 알게 된다. 이미 새로운 이야기를 쓰고 있다는 것을 알게 된다. 그 순간 당신은 새로운 이야기로 향해 계속해서 걷게 될 것이다.

새로운 빛으로
나아가다

이제 우리는 선택의 기로에 서 있다. 익숙한 과거의 이야기대로 계속 살아갈 것인가, 아니면 새로운 이야기를 써 내려갈 것인가. 당신은 이미 많은 가능성을 품고 있다. 그 가능성은 누군가가 허락해 줄 때가 아니라, 스스로 인정하고 선택할 때 피어나기 시작한다.

지금 이 순간, 스스로 이렇게 질문해 보자.

"나는 어떤 사람이 되고 싶은가?"
"그 정체성을 증명하기 위해 지금 무엇을 하고 있는가?"

이 질문에 대한 대답이 당신의 새로운 삶을 만들어 갈 것이다. 더 이상 망설이지 않아도 괜찮다. 두려움이 있어도, 서툴러도 괜찮다. 당신 안에 잠들어 있는 밝은 그림자에게 이렇게 말해 보자.

"이제 너를 외면하지 않을게. 너를 믿고 함께 나아갈 거야."

밝은 그림자를 해방하는 여정은 끝이 아니다. 그것은 새로운 삶을 여는 시작이다. 더 이상 과거에 지배받지 않아도 된다. 지금 이 순간, 우리는 의식적으로 삶을 선택할 수 있는 존재가 된다. 현재를 살아가며 미래를 스스로 창조할 수 있는 존재가 된다. 내면에서 반짝이고 있는 빛은 세상에서 단 하나뿐인 당신만의 가능성이다. 이제 그 빛을 숨기지 말고 당신만의 방식으로 세상에 펼쳐 보이자.

그리고 기억하자. 그 가능성을 지켜내기 위해서는 삶의 흐름 안에서 숨을 고를 수 있는 '자기만의 오아시스'가 필요하다는 것을. 바쁜 일상 속에서도, 당신만의 속도로 멈추고 회복할 수 있는 루틴과 안식처가 있다면 그 변화는 더 깊고 오래 지속될 수 있을 것이다.

이제는 당신 차례다. 당신의 삶은 지금 이 순간부터 다시 쓸 수 있다. 그리고 그 이야기는, 지금보다 훨씬 더 당신다운 빛을 품고 있을 것이다.

당신의 어둠을 직면하는 순간,
당신은 진정한 빛을 발견할 것이다.

- 칼 융

6장 안식처를 찾아서
OASIS MOMENT

당신 안에는 언제든지 되돌아갈 수 있는
고요함과 안식처가 있다.

- 헤르만 헤세

내면의 안식처를 찾아서

우리에겐
회복 공간이 필요하다

지금까지 그림자가 어떻게 형성되었는지, 그리고 오아시스 모먼트를 통해 그림자를 어떻게 마주하고 치유할 수 있는지 살펴보았다. 오아시스 모먼트는 빠르게 흘러가는 삶의 속도를 잠시 늦추고, 잊고 지냈던 내면의 소리에 다시 귀 기울이는 시간이다. 바쁜 일상에서 멈춤을 선택하고 '나'라는 존재로 돌아오는 용기다.

하지만 현실은 어떤가? 우리는 늘 바쁘다. 해야 할 일은 끝이 없고, 늘 누군가와 연결되어 있어야만 할 것 같다. 스스로 돌볼 시간은 자꾸만 뒤로 밀린다. 그런 삶 속에서 자신을 돌보지 않고 어떻게 진짜 회복이 가능할까? 변화는 늘 고요함 속에서 시작된다. 우리에게는 잠시 멈출 수 있는 안전한 공간이 필요하다. 그곳이 바로 '나만의 안식처'다.

20세기 초, 버지니아 울프는 연간 500파운드와 '자기만의 방'을 가진다면 여자들도 가치 있는 삶을 살 수 있다고 말했다. 그녀가 말한 자기만의 방은 단순한 물리적 공간이 아니었다. 오롯이 자신을 위한 시간과 공간, 아무에게도 방해받지 않는 고요한 장소, 온전히 자기 자신에게 집중할 수 있는 회복의 공간을 의미했다.

융에게도 그런 공간이 있었다. 매일 아침, 그는 고립된 오두막에서 온전히 자신만을 위한 시간을 보내며 수많은 책을 집필했다. 융에게 오두막은 단순한 장소가 아니었다. 그곳은 세상의 소음에서 벗어나, 고독과 영감을 마주하고 자신과 깊이 연결되는 성전이었다.

우리에게도 그런 공간이 필요하다. 세상의 기준과 타인의 기대에서 벗어나 오롯이 나 자신으로 존재할 수 있는 곳, 가면을 벗고 진짜 나의 모습을 드러낼 안전한 장소, 남들의 시선이 아니라 나 자신에게 진실할 수 있는 공간이 필요하다. 그곳이 바로 당신만의 안식처가 될 것이다.

안식처는 거창할 필요도, 완벽할 필요도 없다. 누군가에게는 카페에서 차 한잔하는 시간이, 누군가에게는 새벽의 조용한 산책길이, 또 누군가에게는 10분간의 호흡 명상이 안식처가 될 수 있다. 중요한 것은 '무엇을 하느냐'가 아니라, 자신에게 오아시스 모먼트를 허락하는 것이다.

바쁜 하루 속에 잠시 시간을 내기가 힘들다는 것을 안다. 어쩌면 시간이 문제가 아니라 잠시 마음의 여유를 가지는 것이 힘든 것일지도 모른다. 하지만 친구들과 수다를 떨고 술을 마셔도, 여행을 떠나거나 값비싼 물건을 사더라도 여전히 고통스러운 삶이 반복되고 있다면, 그것은 우리에게 다른 방법이 필요하다는 신호일지도 모른다.

안식처는 단순한 도피처가 아니다. 오히려 삶을 더 온전히 살아가기 위한 준비의 공간이다. 그곳에서 우리는 지친 마음을 내려놓고, 상처받은 자신을 조용히 안아주며, 다시금 삶의 중심을 되찾을 수 있다. 그곳에서 우리는 자유롭게 꿈꾸고, 진정한 내면의 목소리에 따라 삶의 방향을 조율할 수 있게 된다.

알렉스 수정 김 방(Alex Soojung-Kim Pang)은 《일만하

지 않습니다》에서 이렇게 말했다. "의도적인 휴식은 무의미하게 바쁜 생활의 덫을 피하고 중요한 부분에 집중하게 해준다. 가장 중요한 것에 오롯이 집중하는 삶, 잘 쉬고 불필요하게 산만한 요소들을 차단하는 삶은 겉으로 보기에는 단순해 보여도, 내면은 대단히 풍요롭고 충만하다."

우리는 모두 각자의 속도로 살아가며, 각자만의 방식으로 회복한다. 그러나 한 가지 확실한 것은, 우리 모두에게 안식처가 필요하다는 점이다. 나만의 안식처를 찾는 것은 단순한 휴식이 아니다. 그것은 삶의 균형을 회복하고, 진정한 변화와 성장을 지속할 수 있게 하는 여정이다.

이 장에서는 '고요함, 편안함, 유연함'이라는 세 가지 조건을 중심으로 나만의 안식처를 탐색할 것이다. 안식처는 내면과 연결되는 장소로, 내면의 진짜 목소리를 듣기 위해선 고요해야 한다. 또한 삶의 모든 긴장과 의무를 내려놓고 본연의 모습으로 있을 수 있는 편안한 장소가 필요하다. 마지막으로 언제, 어디서든 필요할 때 찾을 수 있어야 한다. 그곳에서 우리는 내면과 연결되고, 삶을 정리하며, 다시 앞으로 나아갈 힘을 기를 수 있다.

자, 이제 당신만의 오아시스를 찾아 떠나 보자. 우리 모두에겐 자신만의 회복 공간이 필요하다.

마음이 쉴 수 있는
세 가지 열쇠

1. 고요함

우리는 매일 수많은 소음 속에서 살아간다. 핸드폰 알림, 끝없이 쌓이는 메시지와 이메일, 실시간으로 업데이트되는 SNS 피드, 주변 사람들의 기대와 평가까지 우리의 시야를 어지럽힌다. 우리의 일상은 수많은 정보와 자극으로 가득 차 있다. 그런데 이러한 환경에서 과연 '진짜 나'와 마주할 수 있을까? 어쩌면 우리는 단 한 순간도 완전한 고요 속에 머물러 본 적이 없을지도 모른다.

눈을 감아도 마음은 여전히 분주하다. 처리해야 할 일, 지나간 대화, 예상치 못한 걱정들이 끝없이 떠오른다. 쉴 새 없이 떠오르는 생각 사이에서 마음은 늘 무언가에 붙잡혀 있다. 하지만 내면의 목소리를 듣기 위해서는 먼저 고요해져야 한다. 고요함은 단순한 정적을 뜻하는 것이 아니다. 그것은 외부의 소음과 잠시 떨어져서 내면과 깊이 연결되는 통로이다. 고요함은 삶의 중심을 다시 찾게 해주는 회복의 조건이며, 오아시스 모먼트가 시작되는 첫 번째 지점이다.

제임스 홀리스는 이렇게 말한다. "고독을 무릅쓰지 않고

서는 내면의 소리를 결코 들을 수 없다. 혼자 있는 일을, 침묵을 두려워한다면 참다운 자신을 대면할 수 없다."

그러나 이 단순한 조건을 갖추는 것은 생각보다 쉽지 않다. 칼 뉴포트(Cal Newport)는 《디지털 미니멀리즘》에서 경고한다. "우리는 정보 과잉 시대를 살아가고 있다. 하지만 끊임없이 연결되어 있을수록 오히려 삶의 중심을 잃는다." 디지털 세상은 우리의 주의를 끊임없이 빼앗는다. 한 가지 일을 하다가도 무심코 스마트폰을 들여다보고, SNS에서 본 누군가의 모습과 나를 비교하며 불필요한 감정 소모를 하기도 한다. 잠시 쉬려고 넷플릭스를 틀었지만, 어느새 몇 시간째 화면을 바라보고 있다. 이러한 '연결'은 우리의 삶을 풍요롭게 해 주는 것 같지만, 오히려 내면의 공간을 침범하고 삶의 중심을 흐리게 만든다.

고요하지 않으면 내면의 소리에 귀 기울이지 못한다. 내면의 신호를 알아차릴 수 없게 되고, 우리의 감정과 욕구는 자꾸만 무시된다. 그러면서 점점 남의 기준에 휩쓸리며 반응하는 삶에 익숙해진다. '내가 진짜 원하는 것은 무엇이지?'라는 질문조차 잊은 채로 말이다.

그렇기에 우리는 의도적으로 고요함을 만들어야 한다. 그 첫걸음은 디지털 소음에서 물러나는 것이다. 방법은 간단하다. 외부의 방해를 차단하기 위해 디지털 안식을 실천하는 것이다.

> **[고요함을 위한 디지털 안식 실천법]**
> - 하루 중 일정 시간을 정해 디지털 기기와 거리 두기
> - 주말 하루는 디지털 안식 실천하며 SNS와 뉴스 피드에서 멀어지기
> - 불필요한 정보 소비 줄이기 (불필요한 알림 해제, 메일함 정리)
> - 고요한 아침 만들기: 하루를 시작하기 전, 단 5분이라도 고요함 즐기기

이처럼 디지털 소음을 줄이는 것은 나 자신을 지키는 방법이며, 내 마음을 존중하는 실천법이다. 우리는 너무 자주, 너무 쉽게, 내면의 신호를 외면하고 지나쳐 버린다. "지금은 바빠서." "조금만 더 참고." "나중에 여유가 생기면." 그렇게 '언젠가'를 기다리며, '지금 여기'를 자꾸만 미뤄 버린다. 하지만 우리는 더 많이 연결될수록 점점 더 외로워진다. 정보가 넘치고 할 일이 넘치고 사람들과 계속 얽혀 있어도, 마음 한구석에는 채워지지 않는 공허함이 자라난다. 그것은 우리의 내면이 조용히 보내는 도움의 신호다. 지금 이대

로는 안 된다고, 잠시 멈춰 달라고 말하는 것이다.

나는 디지털 디톡스를 수시로 실천한다. 아침에 눈을 뜨면 가장 먼저 핸드폰의 '집중 모드'를 켠다. 고요한 마음으로 하루를 시작하면, 마음속에 넓고 평화로운 안정감이 차오른다. 예전의 나는 달랐다. 밤늦게까지 일하다 새벽녘에 겨우 잠들고, 아침에는 아무런 준비도 되지 않은 채 벨 소리에 놀라 깨는 날이 많았다. 그 시절에는 늘 초조하고 불안했다. 그런 경험이 있었기에 지금의 평온한 아침은 더욱 소중하다.

저녁이 되면 다시 한번 '비행기 모드'를 켠다. 늦은 시간에 울리는 알림, 메신저, 뉴스 등이 방해하지 못하도록 나의 시간을 보호한다. 평온한 밤, 회복 시간만큼은 스스로 지켜줘야 한다. 이처럼 일상에서 고요함을 의식적으로 마련하는 작은 습관은 결국 나를 존중하고 소중하게 대하는 작은 실천이 된다.

많은 사람들이 '고요함'을 단순히 소음이 없는 상태라고 생각한다. 하지만 진정한 고요함은 단순한 정적이 아니라, 주의가 분산되지 않고 내면에 집중할 수 있는 상태를 의미한다. 가끔 우리는 스마트폰을 끄고 디지털 안식을 실천하면서 고요를 기대하지만, 그저 기기를 멀리한다고 해서 곧

장 내면이 고요해지는 것은 아니다. 스마트폰은 내려놓았을지 몰라도, 머릿속이 온갖 생각으로 가득하다면 여전히 내면의 소음 속에 있는 것이다.

예를 들어, 사람들은 종종 카페에서 공부가 더 잘 된다고 말한다. 주변에 소음이 있음에도 불구하고 집중할 수 있는 이유는 그 소음이 자신과 직접적인 연관이 없기 때문이다. 반면 집에서는 TV 소리나 가족들의 대화처럼 나에게 반응을 요구하는 자극들이 많아 쉽게 산만해진다. 이렇듯 고요함은 단지 '소리가 없음'이 아니라, 주의를 빼앗기지 않고 나에게 집중할 수 있는 상태를 말한다.

고요함에는 두 가지가 있다. 하나는 외부의 자극을 줄이는 '물리적 고요함'이고, 다른 하나는 마음속 잡념과 소음을 정리하는 '정신적 고요함'이다. 이 두 가지가 함께 어우러질 때, 우리는 비로소 진짜 의미의 '쉼'을 경험할 수 있다.

하지만 많은 사람들이 이 고요함을 불편하게 느낀다. 혼자 있는 시간을 어색하게 생각한다. 나도 처음에는 그랬다. 혼자 있는 시간이 어색하고 불안해서 보지도 않는 TV를 백색소음처럼 틀어놓곤 했다. 하지만 시간이 지나면서 깨달았다. 고요함은 외로움과는 전혀 다른 감정이라는 것을.

외로움은 타인과의 단절에서 오는 결핍에서 오지만 고

요함은 나와 연결되는 충만함에서 비롯된다. 외로움 속에서는 외부와 연결되려는 갈망이 강하지만, 고요함 속에서는 외부에 대한 연결의 필요를 느끼지 않는다. 오히려 그 순간, 우리는 자신 안의 소리에 귀 기울이며 진짜 평온의 중심에 도달할 수 있게 된다.

고요함에 익숙해질수록 우리는 더 명확해진다. 생각이 정돈되고 감정이 조율된다. 무의식적인 반응이 줄어들고 지혜로운 선택을 할 수 있는 공간이 생긴다. 그 안에서 우리는 더 성숙하고 단단한 사람이 된다. 마리안 윌리암슨(Marianne Williamson)은 "침묵은 우리가 발달시키는 사고방식의 근육과도 같으며 '그림자 자아'의 에너지를 더 쉽게 전환할 수 있는 능력을 키워 준다"라고 말했다.

우리는 지금까지 수많은 타인의 의견을 들어 왔다. 하지만 오아시스 모먼트에서는 외부의 소음을 잠시 내려놓아야 한다. 타인의 기대, 평가, 비난으로 시끄러웠던 마음을 조용히 내려놓자. 내면의 깊은 지혜와 연결되고, 내 목소리가 자유롭게 표현될 수 있는 자리를 마련해 주자.

2. 편안함

우리는 언제 가장 편안함을 느낄까? 긴장이 풀리고 몸이 이완되며 아무것도 하지 않아도 괜찮다고 느껴지는 순간, 그때 비로소 '쉼'을 경험한다. 하지만 현실에서는 하루의 대부분을 긴장 속에서 살아간다. 출근길에는 시간에 쫓기듯 걸으며, 회의에서는 말 한마디에 신경을 곤두세운다. 집에 돌아와서도 머릿속은 온종일 쌓인 생각과 걱정으로 가득 차 있다. 자신도 모르는 사이에 몸을 웅크리고, 어깨를 잔뜩 움츠리고, 스스로 긴장 상태로 몰아넣는다. 그러면서도 정작 지금 자신이 얼마나 긴장하고 있는지조차 인식하지 못한 채로 계속 견디며 살아간다.

하지만 끊임없는 긴장 속에서는 '진짜 쉼'을 경험하기 어렵다. 몸과 마음이 진정으로 이완될 수 있는 안식처가 없다면 우리는 소진될 수밖에 없다. 안식처의 두 번째 조건인 '편안함'은 바로 이 지점에서 시작된다. 편안함은 단순히 좋은 소파나 푹신한 침대만을 의미하지 않는다. 그보다는 훨씬 깊은 차원의 감각이다. 그곳에서는 긴장을 풀고 아무것도 하지 않아도 괜찮아야 한다. 많은 역할과 의무를 내려놓고, 자연스러운 나의 모습 그대로 쉴 수 있어야 한다. 그것이 바로 편안함이 주는 진짜 쉼이다.

많은 사람들이 스트레스를 받거나 감정적으로 불안할

때 생각을 통해 해결하려고 한다. 하지만 몸은 생각보다 먼저 반응한다. 불안할 때 어깨가 잔뜩 올라가고, 긴장하면 턱에 힘이 들어가며, 스트레스가 심할 때 위장이 아픈 경험을 해 본 적이 있을 것이다. 몸이 긴장하면 마음도 긴장한다. 반대로 몸이 편안해지면 마음도 자연스럽게 이완된다. 그렇기에 우리는 먼저 몸을 편안하게 해 줄 수 있는 공간이 필요하다. 몸이 편안해야 마음도 편안할 수 있다. '이곳은 안전해'라고 말해 주는 곳, 그곳이 진짜 안식처다.

안식처는 크고 화려할 필요가 없다. 넓은 서재가 없어도 괜찮다. 조용한 숲속의 오두막이 없어도 괜찮다. 중요한 것은 온전히 이완될 수 있는 곳인가 하는 것이다. 그곳은 방 한구석의 작은 책상일 수도 있고, 공원 벤치나 창가의 흔들의자, 또는 차 안의 조용한 공간일 수도 있다. 어디든 좋다. 적어도 그 순간만큼은 온전히 나를 위한 공간이면 충분하다. 당신만의 편안한 공간을 찾아보자. 안식처는 멀리 있지 않다. 몸과 마음이 '편안하다'고 속삭여 준다면, 그곳이 바로 당신을 위한 안식처가 되어줄 것이다.

나는 신혼 초, 옷 방 한편에 작은 책상을 두고 오아시스 공간을 만들었다. 그곳에는 고시생 때부터 사용하던 책장, 사무실에서 사용하던 책상 등 기존에 사용하던 가구들이 놓여 있었다. 그리고 뒤쪽으로 옷들이 놓여 있었다. 딱히 멋진 곳은 아니었지만, 방문을 닫으면 그곳은 오직 나만을 위한 아늑한 성전이 되었다. 비록 책상 한편이었지만, 그곳에서 나는 삶의 고민과 고뇌를 덜어내고 숨 쉴 공간을 마련했다.

이후 이사를 하면서 방 하나를 온전히 나만의 공간으로 꾸밀 수 있었다. 어릴 적부터 꿈꿔왔던 2층 침대의 로망을 실현하면서 나만의 완벽한 아지트를 완성했다. 1층은 일하며 책을 읽고 글을 쓰는 창작 공간으로, 2층은 영화와 음악을 즐기며 완전히 몰입할 수 있는 쉼의 공간으로 만들었다. 그 공간은 단순한 작업실이 아니었다. 나의 취향과 꿈을 담아낸 공간이었고, 에너지를 채우는 장소이자 나만의 세계를 확장해 가는 실험실이었다. 그곳에서 생각을 다시 정리하고, 얽히고설킨 감정을 풀어내고, 새로운 꿈과 희망을 키워갈 수 있었다.

하지만 편안한 공간은 물리적인 요소만으로 완성되지 않는다. 그곳은 '심적으로도' 안전한 공간이어야 한다. 누군가의 간섭 없이 온전히 나만의 시간을 가질 수 있는 곳, 평가나 비난당하지 않고 있는 그대로의 나로 존재할 수 있는 곳, 아무것도 하지 않아도 괜찮은 공간이어야 한다. 그곳에서 우리는 다른 누구도 아닌 나 자신을 위한 시간을 보낼 수 있어야 한다. 그 누구도 신경 쓰지 않고 자신만을 위한 돌봄과 휴식을 경험할 수 있는 공간이야말로 진정한 안식처가 된다.

하지만 우리는 종종 '아무것도 하지 않는 것'에 죄책감을 느낀다. 그래서 쉬는 시간조차도 뭔가 생산적으로 써야 할 것만 같은 불안감을 느낀다. 하지만 진정한 쉼은 단순히 일을 멈추는 것이 아니라, 마음이 쉬어도 괜찮다고 받아들이는 것에서 시작된다. 우리는 우리 자신으로 존재해도 괜찮은 안전한 공간이 필요하다. 해야 할 일이 없어도, 누군가에게 잘 보이지 않아도, 그냥 숨 쉬고 있는 것만으로도 괜찮은 곳 말이다. 그곳에서 우리는 삶의 무게와 의무를 내려놓고 오로지 원하는 것을 할 수 있다. 비로소 숨을 쉴 수 있게 된다.

정여울 작가는 《나를 돌보지 않는 나에서》 다음과 같이 말한다. "우리의 셀프(self)는 저마다의 아름다운 월든을 필요로 한다. 우리는 그 마음속의 월든을 지켜내야 한다. 아무도 나를 간섭하지 않는 곳에서 비로소 진정한 나 자신이 될 수 있는 권리를. 있는 그대로의 나를 따스하게 보듬어 줄 수 있는 내면의 오두막을."

이 모든 것은 결코 어렵지 않다. 단지 나를 위한 공간을 마련하겠다는 작은 결심이 필요할 뿐이다. 그곳이 어디든, 그 순간만큼은 온전히 나를 위한 공간이 된다면 충분하다. 그곳에서는 더 이상 긴장하지 않아도 된다. 당신은 그저 존재하는 것만으로도 충분하다. 지금, 당신의 몸과 마음이 편안함을 허락하는 공간을 찾아 떠나 보자. 그리고 그 공간에서 진짜 나를 만나 보자.

3. 유연함

우리는 언제 어디서나 너무 바쁘게 살아간다. 예정에 없던 미팅 일정, 갑작스러운 연락, 뒤엉킨 일정들로 마음이 늘 분주하다. 계획대로 흘러가는 날보다 예상하지 못한 일정에 맞춰야 하는 날이 훨씬 더 많다. 그렇기에 필요한 것이 '유연함'이다. 고정된 시간과 장소가 아니더라도 숨을 고를 수 있는 곳, 그것이 바로 '유연한 안식처'다.

많은 사람들이 쉼을 위해 완벽한 조건을 기다린다. 조용한 공간, 깨끗이 정리된 책상, 아무 일도 없는 주말처럼. 하지만 현실에서는 그런 순간이 좀처럼 찾아오지 않는다. 그런 순간을 기다리다 보면, 결국 제대로 쉬지 못하게 된다. 쉼이란 완벽한 환경이 아니라, 마음이 허락하는 순간에 시작된다. 유연함은 우리에게 이렇게 속삭인다.

"완벽한 쉼을 기다리지 말고, 지금 이 순간의 쉼을 허락하라."

짧은 순간이라도 존재로서 머물 수 있다면, 그곳은 이미 나만의 오아시스다. 유연함은 안식처가 그저 만들어지기를 기다리는 것이 아니라, '지금, 여기'를 쉼의 공간으로 전환하는 능력이다. 일상에서 나만의 안식처를 찾고 싶다면 다음의 태도를 가져 보자.

- 일상의 틈 활용하기

출퇴근길, 점심시간, 약속이 끝난 후 남는 시간 등 하루 중 틈새 시간을 찾아 보자. 지금 이 순간, 단 5분이라도 여유가 있다면 그 시간을 온전히 나에게 선물하자. 그 시간만큼은 핸드폰을 내려놓고, 잠시라도 눈을 감고 호흡을 느껴 보자. 오늘 하루 잘 살아내고 있는 나에게, 다정한 한마디를 건네본다.

- 다양한 공간에서 쉼을 찾기

항상 같은 장소에서만 안정을 찾으려 하지 않아도 괜찮다. 카페, 공원, 차 안, 심지어 사무실 한쪽 구석에서도 잠깐의 고요를 만들 수 있다. 중요한 건 외부 환경이 아니라, 그 공간 안에서 '집중할 수 있는가'이다. 카페의 소란 속에서도, 차 안의 정적 속에서도 나만의 쉼을 만들 수 있다.

- 완벽한 환경을 기다리지 않기

'조용한 곳이 아니면 집중할 수 없어.'

'충분한 시간이 나야만 제대로 쉴 수 있어.'

위와 같은 생각이 들 때, 스스로 질문해 보자.

"정말 그럴까?"

이런 말들은 어쩌면 쉼을 미루는 습관일지도 모른다. 지금 이 순간 잠시라도 나를 돌볼 수 있다면, 그것이 바로 오아시스 모먼트다. 쉼이란 완벽한 환경이 아니라 마음이 허락하는 순간에 시작된다.

- 나만의 아이템 활용하기

당신의 기분을 좋아지게 하는 것은 무엇인가. 당신에게 편안함과 안정감을 주는 물건이 있는가. 부드러운 담요, 애착 인형, 따뜻한 조명, 아로마 오일, 손에 익은 노트와 펜 등으로도 공간이 달라질 수 있다. 오감을 자극해 편안한 느낌을 주는 아이템으로 주위를 꾸며 보자. 그 공간은 더 이상 낯선 곳이 아니라, 나만의 포근하고 따뜻한 안식처가 되어 줄 것이다.

나는 기본적으로 집을 가장 선호한다. 집은 가장 큰 안정감과 편안함을 준다. 하지만 때때로 환기가 필요할 때가 있다. 그럴 때는 드라이브를 하거나 조용한 카페로 향한다. 이때 새로운 장소를 찾아가는 것이 아니라, 익숙하고 안전하게 느껴지는 공간을 찾는 것이 핵심이다. 새로운 환경에서는 주의가 외부로 향하게 된다. 새로운 것에 시선이 머물고, 주변 환경에 시선을 빼앗긴다. 낯선 공간에서는 오히려 긴장하고 경계하게 된다. 그러면 내면에 집중하기 어려워진다. 그래서 나는 자주 갔던 카페, 추억이 있는 공간, 편안함을 느끼는 장소를 주로 찾는다.

안식처는 하나의 고정된 장소가 아니라, 그날의 컨디션에 따라 달라질 수 있는 유연한 공간이다. 나에게는 무엇보다 유연하게 쉴 수 있는 안식처가 있다. '차 안'이다. 외부 일정이 많은 날, 주차장에서 잠시 눈을 감고 심호흡을 한다. 그 짧은 10분이 나를 다시 삶의 중심으로 데려온다. 고요히 호흡을 느끼고 마음속에 밀려든 감정을 들여다보는 시간은 나 자신과 다시 연결되는 오아시스 모먼트다. 이 짧은 순간들을 통해 다시 일상을 마주할 힘을 회복할 수 있다. 안식처는 반드시 정적인 공간일 필요가 없다. 우리는 언제든 일상 속 다양한 공간에서 충분히 쉴 수 있다.

여행을 떠날 때면, 나는 자리를 많이 차지해도 요가 매트와 폼롤러를 꼭 챙긴다. 낯선 곳에서도 요가 매트 위에서 보내는 시간은 내게 오롯이 집중할 수 있는 오아시스 모먼트가 된다. 짧은 스트레칭과 호흡은 내 안의 고요함을 다시 일깨운다. 요가는 낯선 여행지에서도 나를 안정시키는 소중한 리추얼이 되어준다. 룸 스프레이나 아로마 오일, 애착 인형 같은 나만의 작은 아이템들도 쉼을 가져다 준다. 익숙한 향과 촉감은 낯선 공간을 단숨에 나만의 안식처로 바꾸어준다. 작고 소박한 물건들이지만, 그것들은 언제나 따뜻함과 포근한 감각을 불러일으킨다. 나는 이 소소한 의식들 덕분에 어디에 있든지 자신을 돌보고, 나에게 돌아오는 법을 배워가고 있다.

삶의 변화 가운데서 중심을 잡고 싶다면, 지금 이 순간에도 자신을 돌볼 수 있는 유연함이 필요하다. 앞으로도 우리는 끊임없이 변하는 환경 속에서 살아갈 것이다. 예상치 못한 일들이 생기고, 감정의 파도가 몰아치며, 때때로 삶의 방향을 잃기도 할 것이다. 하지만 그 순간에서조차 나에게로 돌아올 수 있는 시간을 허락하는 것, 그것이 바로 진짜 쉼이다. 흔들려도 다시 중심을 잡을 수 있다면, 우리는 결코 무너지지 않는다. 어떤 공간에서든, 어떤 상황에서든, 내면이 평온하다면 우리는 회복될 수 있다.

때로는 책 한 권이, 때로는 따뜻한 차 한 잔이, 혹은 잠시 눈을 감고 쉬는 순간이 나만의 안식처가 된다. 진정한 안식처는 어디에 있는가가 아니라, 그 순간의 나를 돌보는 것이다. 완벽한 쉼을 기다리지 말자. 쉼은 먼 미래에 있는 것이 아니라, 지금 여기 숨을 쉬는 이 순간에도 가능한 것이다. 당신만의 리듬과 공간에서, 지금 이 순간의 평온을 허락해 보자.

[실습 14] 나만의 안식처 찾아보기

이제, 당신만의 안식처를 찾아보자. 우리는 쉼 없이 달리는 세상에서 살고 있다. 하지만 진짜 회복은 멀리 있는 것이 아니라, 일상 속 작은 고요함과 안식처에서 시작된다. 이 실습은 당신만의 고요함을 찾고, 어디서든 스스로 회복할 수 있는 오아시스 모먼트를 만들기 위한 여정이다.

1. 나에게 고요한 순간은 언제인가?

최근 고요함을 느낀 순간이 있다면, 그때의 경험을 떠올려보자. 누군가는 새벽녘의 고요를, 또 누군가는 햇살이 비추는 오전을 좋아할 수 있다. 당신만의 고요한 시간을 찾아보자.

내가 가장 고요함을 느끼는 시간은 _____ 이다.
내가 가장 고요함을 느끼는 장소는 _____ 이다.
그 순간 내 마음은 _____ 했다.

2. 나를 편안하게 만드는 공간은 어디인가?

어떤 곳에 있을 때 마음이 편안하고 이완이 되는가? 그곳은 실제 공간일 수도 있고, 상상 속 장소일 수도 있다.

기억 속 장소: _____

_____

(예: 자주 가는 카페, 햇살 드는 창가, 고요한 도서관 등)

3. 그 공간을 더 아늑하게 해줄 수 있는 방법이 있을까?

존 카밧진 박사는 "쉼이란 감각의 문을 열고, 지금 이 순간을 온전히 살아내는 것이다."라고 말한다. 정서적으로 나를 안정시켜주는 오감 리스트를 작성해보자. 이는 당신만의 안식처를 더욱 따뜻하게 만들어줄 것이다.

후각: _____
(예: 우드향, 아로마, 등)

청각: _____
(예: 잔잔한 재즈 음악, 클래식 음악 등)

시각: _____
(예: 따뜻한 조명, 베이지톤 등)

촉각: _____
(예: 포근한 담요, 폭신한 인형 등)

미각: _____
(예: 따뜻한 허브티, 다크초콜릿 등)

4. 유연하게 쉼을 위한 나만의 루틴은 무엇인가?

단, 5분이라도 쉴 수 있는 나만의 안식처를 찾아보자.

장소: _____
(예: 차 안, 회의실, 공원 벤치 등)

아이템: _____

(예: 좋아하는 책, 음악 플레이리스트, 아이마스크 등)

루틴: _____

(예: 눈 감고 심호흡 10번 하기, 따뜻한 차 마시기 등)

　이 실습을 통해 우리는 깨닫게 된다. 쉼은 특별한 장소나 완벽한 순간을 기다리는 것이 아니라, 지금 이 자리에서도 선택할 수 있다는 것을. 당신의 오아시스는 멀리 있지 않다. 오늘, 아주 작은 틈 사이에서도 나에게 쉼을 허락해보자. 잠시 숨을 고르고, 고요히 나를 품어주는 그 순간이 쌓여, 삶은 다시 부드럽게 흐르기 시작할 것이다.

7장 일상으로 뿌리내리기
OASISMOMENT

진정한 여행의 발견은
새로운 풍경을 찾는 것이 아니라,
새로운 눈을 갖는 데 있다.

- 마르셀 프루스트

당신은 쉬는 시간이 주어졌을 때 무엇을 하는가. 갑자기 쉬는 시간이 생겨도 자극을 추구하거나 위험을 회피하는 등 행위 모드로 채우는 사람들이 있다. 인터넷 서핑을 하고, 아무 생각 없이 미디어를 보면서 시간을 소모한다. 바쁘게 지낼 때는 휴식을 간절히 원하지만, 휴식이 주어져도 제대로 충전하지 못한다. 하지만 진짜 쉼은 아무것도 하지 않는 시간이 아니라, 나에게 다시 연결되는 시간이다.

　안식처를 마련하는 것만큼이나 그 시간에 어떤 활동을 할 것인지도 중요하다. 이 장에서는 일상 속에서 회복을 가져다 주는 4가지 활동인 명상, 요가, 독서, 기록에 관해 소개하려 한다. 명상은 호흡을 통해 몸과 마음을 돌봐주는 가장 기본적인 도구가 된다. 요가는 외부로 향한 시선을 나의 몸과 호흡에 집중하도록 해 준다. 기록은 정리되지 않은 생각과 고민을 객관적으로 바라볼 수 있는 기회를 마련해 준다. 마지막으로 독서를 통해 고민이나 어려움을 이겨낸 영웅들을 만날 수 있고, 간접적인 경험을 통해 우리의 세계를 넓힐 수 있다.

사막에서는 바퀴의 바람을 빼야 모래에 빠지지 않고 앞으로 나아갈 수 있다. 팽팽한 상태로 계속해서 달리다 보면 긴장감을 이기지 못하고 결국 퍼지게 된다. 삶도 마찬가지다. 너무 바쁘게, 너무 팽팽하게만 살다 보면 결국 임계치에 다다르게 된다. 잠시 쉰다고 해서 삶이 멈추지 않는다. 쉼은 곧 회복을 위한 선택이며, 더 멀리 가기 위한 준비다. 이제부터 소개할 네 가지 회복 루틴은 일상 속 오아시스를 만들어주는 작지만 깊은 실천이다. 나의 경험을 따라가며 당신에게 가장 잘 맞는 방식을 하나씩 찾아보자. 그리고 그것을 당신만의 오아시스 모먼트로 만들어보자.

명상, 내면의 소리를
듣는 시간

내면의 소리를
듣는다는 것

우리는 바쁘게 살아가면서 정작 진짜 원하는 것이 무엇인지를 잊고 지낸다. 새벽부터 울리는 알람 소리에 눈을 뜨고, 직장과 학교, 가족과 주변 사람들의 요구에 맞추다 보면 어느새 하루가 훌쩍 지나간다. 그러다 문득 '이렇게 사는 게 과연 맞는 걸까?', '내 진짜 목소리는 어디 갔을까?'라는 의문이 스쳐 간다. 하지만 바쁜 일상 속에서는 그 질문에 귀 기울일 여유조차 없다.

많은 심리학 책에서 자신과 만나기 위한 활동으로 '명상'을 추천한다. 하지만 막상 명상을 시도해 보면 쉽지 않다. 명상을 시도했다가 "꼿꼿하게 앉아서 30분을 버티는 건 힘들어요." "오히려 머릿속 잡념이 더 많아지는 것 같아요."라고 이야기하는 사람들이 많다. 나 역시 처음에는 명상이 따분하고 어렵게 느껴졌다. TV나 스마트폰을 끄고 조용히 앉아 있는 것이 오히려 불편했다. 하지만 어느 순간 깨달았다.

'아, 명상이란 그저 가만히 앉아 있는 것만이 아니었구나.'

알고 보니, 나는 이미 일상 속에서 명상을 하고 있었다. 내가 일상에서 자주 하던 활동들(요가, 기록, 독서)이 모두 명상이 될 수 있었다. 중요한 것은 특정한 자세나 형식이 아니라, 온전히 하나의 행위에 집중하는 것이었다.

명상이란 꼭 가부좌를 틀고 눈을 감은 채 깊은 호흡을 해야만 가능한 것이 아니다. 핵심은 '의도적인 집중'이다. 만약 음식을 먹을 때, 음식의 맛과 식감, 턱의 움직임에 주의를 기울인다면, 그것도 일종의 명상이 될 수 있다. 달리기로 몸을 풀고 땀을 흘리는 동안 호흡과 근육의 미세한 변화를 온전히 의식한다면, 그 역시 명상의 일부가 된다. 결국 명상이란 '하나의 대상(호흡, 소리, 움직임, 감각 등)'에 의식적으로 주의를 기울이고, 떠오르는 잡념을 알아차릴 때마다 다시 초점을 돌리는 과정이다. 이런 경험은 우리가 '지금, 여기'에 존재하는 작은 순간들 속에서 충분히 가능하다.

물론 전통적인 명상도 도움이 된다. 하지만 중요한 것은 내면의 소리를 듣는 방법이 다양하다는 점이다. 예컨대 요가는 '움직이는 명상'이라 불리며, 신체의 움직임과 호흡을 통해 내면의 상태를 깨닫게 한다. 기록은 '글로 하는 명상'에 가깝다. 떠오르는 감정이나 생각들을 기록하는 것은 곧 자기 성찰의 계기가 된다. 독서 역시 몰입해 읽을 때, 저자와의 대화를 통해 나의 생각과 감정을 발견하게 된다. 이 네 가지 도구는 우리를 내면과 연결하는 통로가 되어준다.

명상이 나에게
알려준 것

명상은 마음을 고요하게 만들고, 긴장된 신경을 이완해준다. 하지만 명상의 진정한 가치는 단순히 이완하는 데 있는 것이 아니라, 우리의 마음 상태를 명확히 바라보게 해

주는 데 있다. 히브리 대학 역사학과 교수인 유발 하라리(Yuval Noah Harari)는 《21세기를 위한 21가지 제언》에서 다음과 같이 말한다. "명상을 통해 나의 불안, 욕망, 두려움을 관찰하면서, 그것들이 나의 삶과 선택에 어떻게 영향을 미치는지 더 잘 이해할 수 있다." 우리의 감정은 날씨처럼 변화무쌍하다. 맑았다가 흐려지고, 갑자기 바람이 불거나 폭풍이 몰아치기도 한다. 명상을 하다 보면 이런 감정의 변화를 더 자주, 더 선명하게 알아차리게 된다.

'아, 지금 내 마음이 불안하구나.'

'이건 나에게 고통을 줘. 이 감정은 어디서 온 걸까?'

'이 불편함은 어떤 메시지를 전하려고 하는 걸까?'

이처럼 명상은 감정을 억누르거나 사라지게 하는 것이 아니라, 감정이 무엇을 말하는지 귀 기울이는 과정이다.

많은 사람들이 명상을 시작하는 초기에 오히려 더 괴로워지는 것 같다고 이야기한다. 이는 그동안 억눌러왔던 감정과 고통을 다시 마주하기 때문이다. 고통은 오래 쌓이면, 굳은살처럼 점점 무감각해지기 마련이다. 우리는 바쁘게 살아가면서 불편한 감정을 미뤄두거나 무시하는 경우가 많다. 하지만 명상을 하면 잠시 밀어두었던 감정들이 서서히 떠오르기 시작한다. 그 과정이 때로 불편하게 느껴질 수도 있다. 그러나 이러한 불편함이야말로 치유의 시작이다. 감정을 외면하지 않고, 그 감정이 무엇을 말하려 하는지 귀 기울여 보는 것이다.

'이 불안감은 내가 어떤 두려움을 가지고 있다는 신호일 수도 있겠구나.'

'이 답답함은 내가 어떤 욕구를 억누르고 있었기 때문일지도 몰라.'

이처럼 명상은 내면에서 일어나는 감정과 생각을 더 선명하게 보여준다. 불편한 감정을 피하는 대신, 있는 그대로 바라보고 이해하는 과정을 통해 자신을 더 깊이 치유할 수 있다. 명상은 삶의 고통을 더 생생히 느끼게 하지만, 그 명료함을 통해 우리는 더욱 지혜롭게 대응할 방법을 찾게 된다. 그리고 감각이 선명해진 만큼, 삶의 행복과 기쁨 또한 커진다.

현재로
돌아오는 연습

우리는 종종 현재를 놓치며 살아간다. 해야 할 일에 쫓기고, 다음 계획을 세우느라 정신없이 하루를 보낸다. 그러다 보면 정작 지금 이 순간 나 자신이 무엇을 느끼고 있는지조차 알지 못한 채 흘러 버리곤 한다. 그렇다면 어떻게 하면 다시 현재로 돌아올 수 있을까?

지금 당장, 손을 움직이며 하는 일에 집중하는 것부터 시작할 수 있다. 예를 들어, 설거지를 하면서 물이 흐르는 소리를 들어 보자. 손끝에 닿는 따뜻한 물의 감촉을 느껴 보자. 혹시 생각이 다른 곳으로 흘러가더라도 '아, 내 생각이 방황하고 있구나' 하고 알아차린 뒤, 다시 물소리와 손의 감각으로 돌아오면 된다. 아침에 커피 한 잔을 마시면서 커피의 향과 물의 온도, 맛을 음미하는 것도 좋다. 혹은 일과 중에 잠시 산책하며 발바닥의 감각에 주의를 기울일 수 있다. 걸음마다 움직이는 허벅지와 골반의 움직임에 주의를 기울여 보자. 우리는 일상 속 행위에서도 '현재'를 경험할 수 있다. 중요한 것은 '의도적인 집중'이다.

현재에 집중하는 순간, 우리는 자연스럽게 '생각'에서 벗어나 '느낌'으로 돌아오게 된다. 그리고 그 느낌은 우리에게 소중한 메시지를 전한다.

'오늘은 내 몸이 피곤하구나.'

'지금 내 안에는 약간의 초조함이 있구나.'

평소라면 놓치고 지나쳤을 감각과 감정을 알아차리는 것만으로도 내면의 소리를 듣기 시작할 수 있다. 결국 내면의 소리를 듣는다는 건 '잠시 멈추는 것'이다. 바쁘게 돌아가는 일상 속에서 우리는 끊임없이 외부의 소음과 정보에 노출된다. 그러다 보면 정작 가장 중요한, 나 자신이 진짜 원하는 것을 듣지 못한다. 그러므로 우리는 의식적으로 멈춰야 한다. 지금 이 순간, 자신에게 조용히 질문을 던져 보자.

"나는 지금 어떤 감정을 느끼고 있지?"

"이 감정은 어디서 온 걸까?"

"내 몸은 지금 나에게 무슨 신호를 보내고 있지?"

이처럼 아주 단순한 질문을 던지는 것만으로도, 우리는 자신을 더 깊이 이해할 수 있다. 그리고 이 질문이 확장될수록 더 근본적인 성찰로 이어진다.

"나는 지금 올바른 길을 가고 있나?"

"내가 원하는 삶을 살아가고 있나?"

"내가 진짜 추구하는 가치를 위해 살아가고 있나?"

이런 질문을 던질 줄 아는 사람이야말로, 진정으로 자기 삶을 살아가는 사람이다. 삶에는 언제나 해야 할 일이 넘쳐 난다. 더 많이 벌어야 하고, 더 잘해야 하고, 더 행복해야 한다는 목소리가 우리를 끊임없이 다그친다. 우리는 이러한 외부의 기대 속에서 무언가를 이루어야 한다는 압박을 받지만, 정작 그 모든 것이 '나의 진짜 바람'인지 확신할 수 없는 순간이 많다. 그러나 내면의 소리를 듣기 시작하면 수많은 외부의 요구와 기대 속에서 '진짜 내 마음'을 구분할 수 있게 된다. 그러다가 흐릿하게만 느껴졌던 내면의 신호가 어느 날 선명히 들려 온다면, 그 순간 우리는 깨닫게 된다.

'아, 이게 바로 내가 원하던 삶이었구나!'

수많은 방법론 사이에서 길을 잃었다면, 잠시 멈춰 내면 깊숙이 자리한 지혜를 불러 보자. 우리가 찾던 해답은 어쩌면 이미 우리 안에 있었을지도 모른다. 내면의 소리를 듣는 것은 결국 스스로 말할 기회를 주는 것과 같다. 세상의 소음에서 잠시 벗어나서 마음 한가운데를 살펴보는 일. 그 과정을 통해 우리는 자신이 얼마나 많은 답을 지니고 있었는지를 발견하게 된다. 그리고 그 답은 생각보다 더 깊고 더 너그러운 지혜일 때가 많다. 우리에게 필요한 건 잠깐의 의도적 멈춤, 곧 내면을 향한 조용한 문 두드림이다.

그리고 지금, 그 문을 두드릴 시간이다. 사막 한가운데에서 오아시스를 찾듯, 의도적으로 멈추고 정신을 고요히 만들어야 내면의 지혜가 피어오를 수 있다. 그 시간은 우리의 삶에 방향과 의미를 부여하며, 더 충만하고 나다운 삶으로 이끌어 줄 것이다.

요가, 몸과 마음의
균형을 맞추는 시간

1평 짜리
매트 위의 세계

요가 지도자과정이 끝난 후, 내 마음속에 깊이 남은 한 문장이 있다.

'매트는 삶을 연습하는 운동장과 같다.'

요가 매트는 단 한 평짜리 작은 공간이지만, 그 위에서 우리는 자신이 매일의 삶을 어떻게 살아가고 있는지 발견하게 된다. 반복되는 동작을 하면서 내가 지루한 일상을 어떻게 대하고 있는지를 보게 된다. 어려운 자세를 시도할 때, 평소 도전에 대한 어떤 태도를 가지고 있었는지를 알게 된다. 그리고 어떤 동작이 쉽게 될 때, 내가 그 성취의 순간을 자랑스러워하는지, 아니면 당연하게 받아들이는지를 인식하게 된다.

매트 위에서 경험하는 작은 감정들은 삶 속에서도 똑같이 반복된다. 새로운 도전에 움츠러드는지, 실패 앞에서 두려움이 올라오는지, 또는 잘하는 일에 자만하지는 않는지 알게 된다. 요가를 하며 나는 자연스럽게 그런 반응들을 들여다볼 기회를 갖는다. 즉, 한 평짜리 매트가 나라는 사람이 매일 부딪치는 다양한 상황을 축약해 놓은 운동장이 되는 것이다. 그래서 요가를 하면 할수록, 몸 상태와 함께 마음 상태도 자주 체크하게 된다.

'오늘은 왜 유난히 균형이 안 잡힐까?'

'어깨가 뻐근한 걸 보니, 요즘 스트레스를 많이 받았나?'

매트 위에서 내 몸을 움직이는 순간, 그날의 감정과 마음의 상태가 그대로 드러난다. 그래서 요가는 작은 매트 위의 세계이면서도, 삶이 압축된 거울과 같은 활동이다. 이것이 바로 내가 요가를 사랑하는 이유이자, 몸과 마음을 체크하는 일을 게을리하지 않을 수 없는 이유다.

때때로 멋진 요가 자세를 완성하고 싶다는 욕심이 올라온다. 한동안 열심히 수련했음에도 변화가 없으면 조급함이 올라온다. 욕심을 부리고 싶은 마음이 들고, 이내 무리하기 시작한다. 하지만 그 순간, 다시 내 몸의 소리에 귀를 기울인다.

'지금 내 몸이 할 수 있는 한계는 어디까지일까?'

'오늘의 나는 어디까지 가는 것이 적당할까?'

무리해서 동작을 밀어붙이는 대신, 몸이 허락하는 만큼만 움직이고 그대로의 상태를 존중하는 법을 배운다. 그러다 어느 날, 버거웠던 동작이 자연스럽게 이어지는 순간이 온다. 그때 비로소 깨닫는다.

'아, 요가는 나 자신을 존중하는 과정이었구나.'

그제야 몸을 움직이는 순간 자체가 기분 좋은 시간이 되고, 호흡과 움직임을 통해 내 상태를 체크하는 과정 자체를 즐기게 된다. 이를 통해 나는 원하는 목표를 향해 나아가고 의도를 세우더라도, 그것을 언제 달성할지는 내 몫이 아니라는 사실을 조금씩 받아들이기 시작했다.

요가 수련 후 일상으로 돌아와서도 요가적 상태를 계속 수련할 수 있다. 우리의 삶은 계속해서 균형을 유지해야 하는 도전의 연속이다. 갑자기 상사가 일을 시키거나, 바쁜 와 중에 부모님의 부탁이 생기거나, 연락이 몰려서 오는 등 도전적인 상황들이 생겼을 때 우리는 습관적으로 반응하기 쉽다. 스트레스를 받으면 야식이나 술을 찾거나, 투덜거리며 친구를 찾아 스트레스를 풀기도 한다.

바로 이때가 요가 수련에서의 배움을 실천할 수 있는 절호의 기회다. 반응하기 전에 잠시 멈추는 연습을 할 순간이다. 스트레스가 올라올 때, '아, 지금 내가 지쳤구나' 하고 알아차리는 것만으로도 우리는 무의식적인 반응을 멈추고 더 나은 선택을 할 기회를 가질 수 있다. 우리에게 해가 되는 선택이 아니라 도움 되는 선택을 할 수 있는 것이다.

야식을 찾는 대신, 몸을 가볍게 스트레칭할 수 있다. 투덜거릴 사람을 찾기보다, 내 기분을 적어 보는 것으로 감정을 정리할 수 있다. 기분을 가라앉히기 위해 습관적으로 SNS를 보지 않고, 음악을 들으며 깊이 호흡할 수 있다. 이렇게 우리에게 도움이 되는 선택을 의식적으로 할 수 있는 힘을 기르는 것, 그것이 바로 일상에서 요가가 주는 가장 큰 선물이다.

요가를 통해 우리는 '지금 내가 어디까지 수용할 수 있고, 지금 어떤 선택이 나를 위한 것인가'를 계속 묻는다. 그래서 요가를 하면 할수록, 내 몸과 마음이 보내는 신호를 더 빨리 알아차릴 수 있게 된다. 요가를 단순한 운동이 아니라 수련이라고 부르는 이유는, 그것 자체가 삶을 연습하는 과정이기 때문이다.

나를 돌볼 시간 없이 바쁘게 살다 보면, 우리는 습관적으로 반응하며 하루를 보내게 된다. 하지만 요가는 내 몸과 마음을 마주하는 시간을 준다. 하루 10분이라도, 내 몸의 움직임을 느끼고 호흡을 가다듬는 순간, 의식적으로 선택할 수 있는 공간을 만들어준다. 건강한 몸에 건강한 정신이 깃든다는 말처럼, 몸과 마음의 균형을 맞추는 순간 우리는 더 나다운 삶으로 살아갈 수 있다.

움직이는 명상

요가를 '움직이는 명상'이라고 부르는 이유는 그 과정이 마음챙김과 비슷하기 때문이다. 수련 중에는 호흡과 동작에 집중해야 동작이 부드럽게 이어진다. 잠깐이라도 다른 생각을 하면 균형이 쉽게 흔들린다. 수련 중 선생님의 구령을 듣다가 '오늘 저녁에는 뭘 먹지?'와 같은 생각이 스치면,

그 순간 몸의 중심이 무너지는 경험을 하게 된다. 하지만 그 순간 역시 요가의 과정이다.

'아, 잠시 생각에 빠졌구나.'

그 사실을 깨닫는 순간, 다시 호흡과 몸의 감각으로 돌아온다. 이 반복적인 과정이 곧 현재로 돌아오는 훈련이 된다. 요가를 통해 자연스럽게 호흡과 몸의 감각에 집중하게 된다. 들숨과 함께 가슴이 확장되는지, 몸의 어느 부위가 긴장하는지, 발바닥이 바닥을 어떻게 딛고 서 있는지, 골반의 정렬은 잘 맞는지, 손끝의 방향이 어디로 뻗고 있는지. 이 모든 감각을 인식하는 과정 자체가 마음챙김이다. 그러다가 문득 '내일 일정은 어쩌지?'와 같은 생각이 올라오는 순간, '아, 생각이 왔구나' 하고 알아차린 뒤 다시 호흡과 감각으로 돌아간다. 그렇게 다시 현재로 돌아오면 된다. 우리는 마음이 이곳저곳으로 배회할 때마다 감각을 통해 다시 '현재'로 닻을 내리는 훈련을 한다.

요가를 하면 좋은 점은 스스로 몸 상태를 체크하게 된다는 점이다. 오늘 불편한 곳은 없는지, 근육이 뭉쳐 있지는 않은지 살펴본다. 어제와 다른 오늘의 몸을 살펴보는 시간은 꽤 흥미롭다. 수련 중 선생님의 구령을 들으며 이런 생각이 들 때도 있다.

'날개뼈를 위로, 아래로? 동시에 갈비뼈를 모으라고?'

'내 몸에 이런 근육이 있었어?'

'우와, 발가락 근육을 따로 움직일 수도 있구나!'

30년을 넘게 함께 살아온 몸이지만, 요가를 하면서 처음으로 내 몸이 가진 기능과 움직임의 신비를 발견하는 순간이 많다. 요가 동작을 따라 하다 보면, 평소에는 신경도 쓰지 않았던 근육과 관절의 움직임에 집중하게 된다. 그렇게 몸의 작은 변화를 알아차리다 보면, 어느새 1시간이 훌쩍 지나가 있다. 그 과정은 신기하고 경이롭기까지 하다. 몸이 보내는 신호를 듣고, 그 순간에 머물며, 나를 더 깊이 알아가는 과정이다. 그렇게 간헐적으로 요가를 하던 시절을 지나, 어느덧 요가 수련자로 살아온 지도 5년이 되어 간다.

마음이 뻣뻣할 땐 요가

어떤 날은 머릿속이 생각으로 가득 차 있다. 해야 할 일, 미뤄둔 결정, 풀리지 않는 고민들로 마음이 복잡하다. 이런 상태에서는 가만히 앉아서 명상을 하기가 여간 쉽지 않다.

그럴 땐 몸을 움직여 본다. 굳어 있던 몸을 부드럽게 풀다 보면 어느새 머릿속을 가득 채웠던 복잡한 생각들이 서서히 정리되기 시작한다. 긴장감으로 굳어 있던 몸이 부드럽게 풀리고, 숨이 편안해지고, 마음이 조금씩 가벼워진다.

처음 요가를 접했을 때, 나는 그저 유연성을 기르는 운동이라고 생각했다. 하지만 요가는 몸을 억지로 조정하거나 무리하는 것이 아니라, 몸이 전하는 언어를 듣는 과정이었다. 베셀 반 데어 콜크(Bessel Van Der Kork)는 《몸은 기억한다》에서 요가가 트라우마와 스트레스 회복에 강력한 도구가 된다고 말한다. "요가는 몸과 마음의 연결을 통해 우리가 억압했던 감정과 기억을 해소하도록 돕는다. 요가는 단순히 몸을 강화하는 운동이 아니라, 신체와 감정이 다시 소통하게 만드는 과정이다."

우리가 의식하지 못한 채 쌓아 두었던 감정들은 몸 어딘가에 남아 있다. 어깨가 잔뜩 올라가 있고, 턱에 힘이 들어가 있으며, 숨을 깊이 들이쉬지 못하는 날이 있다. 그럴 때 요가는 몸을 섬세하게 바라보고 존중하는 법을 가르쳐 준다. 몸을 풀어 주면, 마음도 풀린다. 몸을 열어 주면, 정체되어 있던 감정도 흐르기 시작한다. 그렇게 몸과 마음이 다시 연결되면서, 스스로 신뢰하는 힘이 길러지고 다시금 자신과 건강한 관계를 맺게 된다.

우리는 일상 속에서 다양한 감정을 경험한다. 불안, 초조, 분노, 슬픔 같은 감정들은 때로는 빠르게 스쳐 지나가지만, 때로는 마음속에 깊이 쌓여 곪기도 한다. 요가를 하며 호흡과 움직임에 집중하다 보면, 무심히 지나치거나 억눌렀던 감정들을 잠시 멈춰 바라볼 수 있는 기회를 갖게 된다. 숨을 깊이 들이쉬고 내쉬는 순간 몸이 어떻게 반응하는지, 가슴을 활짝 열어 주는 동작에서 몸이 얼마나 움츠러들어 있었는지, 바닥을 딛고 중심을 잡으면서 마음은 얼마나 흔들리고 있었는지를 요가는 보게 해준다. 이처럼 요가는 단순한 운동을 넘어 내면의 소리와 지혜를 발견하는 과정이다.

고대 요가 경전 《요가수트라》에서는 요가를 다음과 같이 정의한다.

Yogas Chitta Vritti Nirodhah
요가 치타 브리띠 니로다

즉, 요가란 요동치는 마음을 넘어 존재하는 고요함을 발견하는 것이다. 내면의 소음을 멈추고, 본래의 나로 돌아가는 일이다. 요가는 움직임을 통해 마음을 다스리는 좋은 도구이다. 몸을 움직이며 호흡을 가다듬는 과정에서, 우리는 어느 순간 마음이 한결 차분해지면서 고요해지는 것을 경험하게 된다. 그렇게 몸과 마음의 균형을 맞추며 조금씩 더 나은 나를 발견해 가는 것. 그것이 요가가 우리에게 주는 가장 큰 선물이 아닐까.

나는 여러 가지 운동을 시도해 보았지만, 결국 요가로 돌아오곤 했다. 요가에 대한 그 묘한 끌림은 어디서 비롯된 걸까. 그때는 몰랐지만, 아마도 요가가 주는 그 평온한 감각 때문이었는지도 모른다. 끊임없이 떠오르던 생각들로 쉬지 못하던 마음을, 요가는 조용히 멈추게 해 주었다. 온전히 몸과 마음의 소리를 들어주는 이 시간이 나에게 필요했던 것은 아닐까. 발견되기를 원했던 내면의 선함이 나를 요가로 이끈 이유가 아닌가 하고 생각해 본다. 결국 요가란 몸과 마음이 하나인 상태로 마음속에 잡음이 없는 상태, 즉 평온함, 고요함, 선함 그 자체를 말한다.

하지만 우리의 일상은 그와는 거리가 멀다. 머릿속에서는 온갖 생각이 소용돌이치고, 몸은 몸대로 지쳐 있다. 몸과 마음이 분리되어 괴로운 상태에 머물러 있다면, 바로 그때, 우리에게 필요한 것이 요가 수련이다. 머릿속이 소란스러울 때, 몸이 뻣뻣하게 굳어 있을 때, 매트 위로 올라가 보자. 몸을 움직이며, 나에게로 다시 돌아오는 연습을 해 보자.

기록, 나만의 보물을
찾는 시간

오늘에
이름 붙이기

나는 저녁마다 그날 가장 기억에 남았던 순간을 기록으로 남긴다. 기록하기 전, 기억에 남기고 싶은 일이나 감사했던 일, 그리고 아쉬웠던 순간들을 잠시 떠올려 본다. 어떤 날은 따뜻한 한마디가 마음에 남고, 어떤 날은 풀리지 않은 고민이 맴돌기도 한다. 하루를 기록하는 이 시간은 나에게 다정한 시선을 보내는 순간이 된다. 오늘 나의 기분은 어땠는지, 혹시 속상한 일은 없었는지, 나를 행복하고 즐겁게 했던 일은 무엇이었는지 돌아본다. 그렇게 하루를 정리하다 보면, 자연스럽게 나 자신에게 집중하는 시간을 가질 수 있다. 기록을 하다 보면, 지난주에 남겼던 글이 마치 오래전 이야기처럼 느껴질 때가 있다.

"벌써 이렇게 시간이 흘렀다고?"

매일 비슷해 보이는 하루하루도, 기록을 펼쳐보면 조금씩 다른 모양을 하고 있다. 같은 요일이지만 다른 일들이 있었고, 비슷한 하루 같지만 새로운 감정이 스며 있다. 아무리 비슷한 일상 같아 보여도 자세히 들여다보면 그날만의 특별한 빛깔이 있다. 이러한 깨달음은 기록이 쌓여갈수록 즐거움과 재미가 누적된다.

기록은 일상 속 작은 틈을 만들어 준다. 바쁘게 지나가는 일과 중에도 잠시 멈춰 나를 돌아볼 시간을 제공한다. 놓치고 있던 나의 감정을 돌아보고 해결되지 않은 마음을 다독여 주는 시간을 만들어준다. 얽히고설킨 여러 가지 감정 속에서 오늘 하루도 최선을 다한 나에게 감사한 마음을 보낼 수 있다면, 그것만으로도 충분히 의미 있는 하루가 아닐까.

기록은 단순히 글을 남기는 것이 아니다. 그날의 특별함을 찾아보는 일이다. 내 삶의 한 조각을 붙잡아 두는 일이다. 그러니 오늘 하루를 가만히 들여다보자. 어떠한 기억을, 추억을 남기고 싶은가. 당신의 하루 속에도, 작은 행복 한 스푼이 숨어 있을지도 모른다.

과거로부터 온
보물 상자

기록이 우리에게 큰 영감으로 다가올 때가 있다. 기록은 내가 걸어온 길을 되돌아보게 하고, 지금 나에게 필요한 해답을 발견하게 해 준다. 일이 잘 풀리지 않아 막막할 때, 어디로 가야 할지 모르겠을 때, 무언가에 열정을 잃고 길을 헤맬 때, 나는 기록 속으로 여행을 떠난다.

우리는 하루하루를 살아가며 수많은 감정과 경험을 지나쳐 간다. 하지만 시간이 흐르면서 강렬했던 순간들조차 한 단어로 압축되어 기억되곤 한다.

'힘들었다.'
'외로웠다.'
'즐거웠다.'

그러나 감정은 그렇게 단순하지 않다. 기쁨, 슬픔, 분노, 외로움처럼 명확하게 이름 붙일 수 있을 것 같지만, 막상 들여다보면 우리의 마음은 훨씬 더 미묘하고 복잡하다. 어떤 날은 이유 없이 마음이 가라앉는다. 속상한 일이 있었는데 그때 느꼈던 감정이 슬픔인지 외로움인지 수치심인지 선명하게 구분되지 않을 때가 많다. 가끔은 기쁘면서도 동시에 불안하고, 안도감이 들면서도 왠지 모르게 서글픈 감정이 찾아오기도 한다. 자세히 들여다보면 우리의 감정은 겹겹이 쌓여 있고, 한 단어보다는 훨씬 많은 이야기를 품고 있다.

나는 가끔 되묻는다. '그때 어떤 마음이었던 걸까?', '무엇이 나를 그렇게 지치게 만들었을까?', '어떤 계기로 일어설 수 있었던 걸까?' 그 단서를 찾을 수 있는 곳이 바로 '기록'이다. 기록은 그날의 감정과 떠오른 생각들, 나를 흔들었던 말과 그날의 공기까지 고스란히 담고 있다. 그 안에는 당시의 고민과 그에 대한 작은 해결책이 담겨 있고, 시간이 흐른 후에도 그것은 여전히 나에게 유용한 길잡이가 되어 준다.

우리는 종종 속도보다 방향이 중요하다고 말한다. 하지

만 그럼에도 불구하고 성장하고 있다는, 잘 가고 있다는 확신이 간절할 때가 있다. 그럴 때 기록은 무엇보다 확실한 증거가 되어 준다.

'그때도 이렇게 힘들었었지.'

'그때도 결국엔 지나갔었지.'

'그래도 결국엔 이겨냈었지.'

우리의 기억은 종종 퇴색되고 각색되지만, 기록 속 감정은 그 자리에 고스란히 살아 있다. **기록해 두지 않으면 그때의 사건들은 기억 속에서 조금씩 사라지고 잊히기 마련이다.** 무심코 지나친 오늘이 사실은 내 삶에 중요한 날이었을 수도 있다. 좋은 기억이든, 아픈 기억이든, 미래의 내가 다시 꺼내 보고 싶은 기억이 있다면 기록으로 남겨 보자.

매일 비슷한 하루를 살아가는 우리에게 기록은 특별한 의미를 더한다. 월요일이 오고, 금요일이 지나고, 주말이 끝나면 다시 새로운 한 주가 시작된다. 바쁘게 보낸 것 같은데, 문득 돌아보면 허무함이 밀려온다.

"오늘은 무얼 했지?"

"한 게 없는 것 같은데, 벌써 하루가 다 갔네."

그럴 때 기록은 잊힐 뻔한 하루를 붙잡아 특별하게 만들어 준다. 지나가는 하루를 붙잡고, 의미를 되새기며, 생각할 시간을 만들어 준다. '오늘 나는 어떤 하루를 보냈는가?', '어떤 감정을 느꼈고, 어떤 순간이 기억에 남는가?'를 돌아보게 만든다.

매일 저녁, 나는 그날 가장 기억에 남는 순간을 기록한다. 처음엔 단순히 하루를 쓰는 일이었지만, 이러한 습관이 쌓이면서 일상이 조금씩 정리되기 시작했다. 과거에는 "오늘은 아무것도 한 게 없어"라고 말하곤 했지만, 이제는 이렇게 말할 수 있게 되었다.

"그래도 오늘은 이걸 했네."
"조금이나마 나아갔구나."
"이런 감정이 나에게 있었구나."

내 방 책장 한 켠에는 오랜 시간 동안 써온 다이어리, 결혼 준비 노트, 여행지에서 모은 티켓, 열심히 공부했던 흔적들이 담긴 노트들이 차곡차곡 쌓여 있다. 마치 나의 시간을 보관하는 작은 보물상자처럼.

평소에는 꺼내지 않지만, 문득 삶의 방향이 흐릿해질 때면 나는 그 상자를 조심스레 연다. 그리고 과거의 나에게 말을 건다. '그때 너는 어떤 고민을 하고 있었니?', '무엇을 좋아했고, 무엇을 위해 애썼니?' 과거에 써 내려간 흔적들, 당시에 느꼈던 혼란과 좌절, 그리고 그 속에 고스란히 담겨 있는 진심을 꺼내 읽는다. 희미했던 감정들이 다시 떠오르며 잊고 지냈던 열정과 용기가 나를 다시 일으켜 세운다.

기록은 단순히 하루를 남기는 것이 아니다. 기록은 하루의 의미를 발견하고, 삶의 방향을 다시 그리는 과정이다. 오늘의 기록은 내일의 내가 읽을 이야기가 되고, 미래의 나에게 작은 성공의 징표가 된다. 그렇게 기록은 현재와 미래를 연결하는 다리가 되어 우리가 놓치고 있던 삶의 깊이를 되찾아 준다.

오늘 당신은 무엇을 기록하고 싶은가?
당신이 오늘 느낀 감정, 생각, 경험 중 무엇을 미래의 당신에게 남기고 싶은가?

그것은 언젠가 당신에게 더 깊고, 의미 있는 길을 열어 줄 것이다. 그러니 지금 이 순간, 기록을 통해 미래의 당신에게 작은 메시지를 보내 보자.

시간의 확장,
정서적 강렬함

그렇다면 우리는 왜 어떤 날은 선명하게 기억하고, 어떤 날은 전혀 기억하지 못하는 것일까? 평범한 하루는 '오늘 하루도 일했다'라는 단 한 줄로 요약되지만, 여행지에서의 하루는 세세한 순간들까지 또렷하게 떠오른다. 시간 관리 전문가 로라 벤더캠(Laura Vanderkam)은 《시간 전쟁》에서 이렇게 말한다. "정서적 강렬함이 우리의 시간을 확장한다." 새로운 경험, 신선한 감정, 강렬한 사건은 우리의 하루를 더 생생하게 만들고 기억에 남게 한다. 즉, 기억의 밀도가 높아질수록, 우리의 삶도 더 풍부해진다.

기록은 그 '강렬함'을 붙잡는 도구가 된다. 우리는 반복되는 일상에서도 조금씩 다른 경험, 사건, 배움을 찾을 수 있다. 기록은 그날의 의미를 포착하고, 미처 인식하지 못한 감정을 천천히 떠올리게 만든다.

많은 사람들이 '시간이 너무 빨리 간다'고 말한다. 하지만 그 말 뒤에는 '제대로 살아내지 못한 하루'에 대한 막연한 아쉬움이 숨어 있다. 우리가 시간을 제대로 경험했다고 느끼는 순간은 언제였을까? 바로 그날의 감정과 감각에 집중했을 때이다.

이 지점에서 기록은 명상과 닮아 있다. 단순히 오늘 무얼 했는지 나열하는 것이 아니다. 기록을 통해 우리는 그날의 자신을 깊이 들여다볼 수 있다. 지금 이 순간의 감정과 생각을 알아차리고, 그 안에서 무엇을 느끼고 있었는지를 정직하게 마주하는 행위다. 틱낫한 스님은 이렇게 말했다. "우리는 지금 이 순간에 살아 있는 법을 배워야 합니다. 숨을 쉬고, 걷고, 글을 쓰는 그 순간이 삶입니다."

기록은 삶을 붙잡기 위한 작은 마음챙김의 의식이다. 매일 반복되는 하루 속에서도 잠시 멈춰 나의 내면을 들여다보는 순간, 우리는 흘러가는 시간을 잠시 붙잡아 마음속에 단단히 새길 수 있다.

정서적으로 강렬한 하루만이 의미 있는 것은 아니다. 기록을 통해 우리는 평범한 하루도 정서적 의미로 확장시킬 수 있다.

'오늘은 평범했지만, 창밖의 구름이 너무 예뻤다.'
'아무 일 없었던 하루였지만, 조용히 나만의 시간을 보낼 수 있어서 좋았다.'

이런 사소한 문장 하나도, 나의 하루를 특별하게 만든다. 삶을 돌아볼 수 있는 흔적이 있다는 건, 나 자신을 이해하고 받아들이는 데 큰 힘이 된다. 이는 '나의 삶을 사랑하는 방식'이기도 하다.

"그때의 너도 참 열심히 살았구나."

"그때의 모든 순간이 참 소중했어."

"잘 살아줘서 고마워."

기록을 다시 읽으며 그런 말을 자신에게 건네는 순간, 우리는 비로소 과거의 나와 화해하고, 지금의 나를 지지할 수 있게 된다.

당신은 오늘 어떤 기억을 붙잡고 싶은가?

오늘 당신이 느낀 감정 중, 미래의 당신에게 남기고 싶은 것은 무엇인가?

그 작은 기록들이 쌓여, 당신의 삶을 더 깊고 의미 있게 만들어 줄 것이다. 지금 이 순간, 마음을 내려놓고 펜을 들어 보자. 기록은 당신 안에 늘 존재했던 평온함과 생명력을 다시 일깨워 줄 것이다.

독서, 깊이
성찰하는 시간

내면으로
떠나는 여행

마음이 힘들때 그 누구의 조언도, 대화도, 만남도 위로가 되지 않는 순간들이 있다. 그럴 때마다 나에게 한 줄기의 빛과 희망이 되어준 건 바로 책이었다. 좌절의 순간 책을 통해 위로받고 동기를 부여받으며 성장할 수 있었다. 당장 성공 가도를 달릴 수 없는 상황에서도 다시금 꿈을 꿀 수 있는 용기, 용기를 낼 수 있는 힘을 얻곤 했다. 나만의 고민을 비밀 친구와 이야기하는 느낌이랄까.

우리는 책을 통해 자신의 내면을 탐구하고, 스스로 돌아보며, 더 나은 방향으로 나아갈 수 있는 통찰을 얻을 수 있다. 스토아 철학자 에픽테토스는 《담화록》에서 자기 자신을 돌보고, 내면을 단련하는 것이 가장 중요한 일이라 강조했다. 그는 책과 사유를 통해 자신의 영혼을 깊이 들여다보고, 내면의 목소리를 듣는 법을 배워야 한다고 보았다. 철학서는 우리에게 삶의 지혜를 가르쳐 준다. 자서전은 성공한 주인공의 역경과 성장 스토리를 통해 영감과 희망을 전한다. 소설은 인간 경험에 대한 깊은 이해와 통찰을 일깨운다. 심리학과 인문학은 인간 내면의 복잡한 감정들을 다각도로 이해하고 성찰할 수 있도록 안내한다.

책은 우리를 더 깊은 곳으로 이끈다. 평소에 생각하지 못했던 생각과 시각을 발견할 수도 있고, 놓쳤던 열망을 발견하도록 돕기도 한다. 미처 몰랐던 정보를 알게 될 수도, 미래를 예측해 볼 수도 있다. 그래서 책은 아이디어를 얻을 수 있는 보물창고이자 지혜의 보고로 표현되곤 한다. 책을 통해 우리는 참고 경험을 넓혀갈 수 있다.

책을 펼치는 순간, 우리는 다른 세계로 여행을 떠난다. 어떤 책은 저자가 안내하는 길을 따라 나아가게 하고, 어떤 책은 기존의 신념과 부딪히며 새로운 질문을 던지게 한다.

때로는 한 권의 책이 또 다른 책으로 연결되며, 꼬리에 꼬리를 물고 새로운 탐구의 길로 데려간다. 평소 나는 어떤 주제에 꽂히면 그와 관련된 책들을 찾고 그중 눈에 띄는 3~4권을 골라서 한 번에 읽어나가며 생각을 정리하곤 한다. 스토아 철학, 뇌과학, 미니멀리즘, 디지털 디톡스, 요가, 명상, 여행, 논문 등 실용서와 비실용서를 넘나들며 어떤 것이든 꽂히는 주제와 관련한 초기 정보를 탐색한다. 그렇게 책을 통해 지식을 쌓는 것뿐만 아니라, 생각을 확장하고 정리하는 과정을 즐긴다. 책은 우리에게 어떠한 꾸중이나 나무람 없이 베풀어 준다. 아무런 판단이나 편견 없이 다정하게 위로해 주고, 때론 정신 차리라며 날카롭게 야단을 치기도 한다.

세상에 필요한 지식은 이미 모두 나와 있다. 우리가 할 일은 그 속에서 지금 나에게 필요한 문장을 발견하는 것이다. 독서는 단순히 지식 습득만을 위해서 하는 것이 아니다. 책을 읽는다는 것은 나에게 질문을 던지는 일, 나를 더 깊이 들여다보는 일, 나아가 숨어 있던 내면의 목소리를 듣는 일이다. 우리는 책을 펼칠 때마다, 한 걸음 더 자신에게 다가가게 된다.

마음챙김 독서

우리는 책을 통해서도 마음챙김을 연습할 수 있다. 틱낫한 스님은 마음챙김은 단순히 명상 중에만 이루어지는 것이 아니라 일상의 모든 순간에 적용될 수 있다고 말한다. 책 《틱낫한 명상》에서 그는 독서가 단순한 정보 습득을 넘어, 현재 순간에 완전히 몰입하는 행위로 전환할 수 있음을 강조한다. 우리는 책을 읽을 때 저자의 목소리에 집중하면서 현재 순간을 온전히 경험할 수 있다. 다른 생각이나 걱정으로부터 벗어나 현재에 더 깊이 몰입하는 경험을 할 수 있다. 책장을 넘기는 순간, 우리는 새로운 세계로 들어선다.

책은 우리를 어디로 데려가는가. 책을 펼치면 우리는 더 이상 단순한 독자가 아니다. 저자와 대화를 나누고, 주인공의 여정을 따라가며 그들의 감정을 함께 경험하는 여행자가 된다. 어떤 이야기에서는 깊이 공감하기도 하고, 어떤 이야기에서는 불편함을 느끼며 반문하기도 한다. 때로는 잊고 있었던 과거의 기억을 떠올리기도 한다. 우리의 가치관이나 신념에 부합하는지에 따라 다양한 방식으로 반응이 나타난다.

책을 읽으며 우리는 저자의 생각에 동의할 수도, 혹은 동의하지 않을 수도 있다. 하지만 결국은 그 모든 과정이 나 자신을 더 깊이 이해하는 신호가 된다. 내가 어떤 부분에서 감동을 받고 어떤 부분에서 불편함을 느끼는지 알아차리는 순간, 책은 단순한 텍스트가 아니라 내면을 비치는 거울이 된다. 이를 통해 내면을 치유하며 회복할 공간을 마련할 수 있다.

나는 삶이 막막하게 느껴질 때, 도저히 어떤 방향으로 나가야 할지 모를 때 에세이를 읽는다. 그리고 '나만 그런 게 아니구나'라는 생각에 위로를 받는다. 고립된 것처럼 느껴졌던 내 상황도 사실은 많은 사람들이 겪는다는 사실을 깨닫는 순간, 나는 다시 현실로 돌아온다. 상황에 몰입하여 생각을 따라가다 보면 나만의 생각 속에 갇히곤 한다. 길이 막힌 것 같고 갑자기 세상에 혼자가 된 것 같은 기분이랄까. 하지만 우리는 책을 통해 다른 사람의 고민과 고통을 만난다. 그리고 그들의 이야기를 통해 모두의 상처를 보기 시작한다. 우리는 누구나 불안과 혼란을 겪는다. 그러한 혼란 속에서 책은 나에게 속삭인다.

"괜찮아, 너만 그런 게 아니야."

그리고 그 작은 깨달음이 나를 다시 앞으로 나아가게 만든다.

책을 읽는다는 것은 단순히 글자를 따라가는 것이 아니다. 책을 읽는다는 것은 저자의 생각을 듣고, 나 자신의 생각도 듣는 일이다. 우리는 저자의 말을 이해하려 애쓰고, 그 문장 속에 담긴 의미를 곱씹으며, 내 안에서 울리는 반응을 하나하나 알아차린다. 저자가 하고 싶은 말이 무엇인지 그 의도와 해석을 고민하며 상호작용을 해 나가는 적극적이고 능동적인 활동인 것이다. 이를 통해 우리의 내면을 더 잘 이해할 수 있는 지혜를 얻고, 다양한 의견과 생각을 접하며, 타인의 경험에 공감하고 이해하는 법을 배울 수 있다. 이 과정은 결국 우리 내면의 목소리를 더 잘 이해할 수 있는 감각을 기르는 연습이 된다.

책을 읽다가도 우리는 문득 딴생각을 한다. 하지만 괜찮다. 그 순간을 알아차리고 다시 책으로 돌아오면 된다. 책을 손끝으로 느껴 보자. 책장을 넘길 때 손끝에 닿는 감촉, 책에서 나는 잔잔한 종이 냄새, 책의 두께감을 가늠하며 내가 어디쯤 와 있는지 살펴보는 것. 이 모든 것이 지금 여기에 머무르는 연습이 된다. 지금 읽고 있는 문장에 집중하며, 저자가 전하고자 하는 이야기에 귀를 기울여 보자. 그렇게 책 속으로, 그리고 나 자신 속으로 더욱 깊이 빠져들어 보자. 책이 주는 물리적인 실체를 느끼는 것이 즐거운 여행이 되기를, 그것이 나에게로 돌아오는 소중한 순간이 되기를 바란다.

생각을
보호하는 막

자아는 끊임없이 자신에 대한 이야기를 만들어 낸다.

'나는 원래 이런 사람이야.'

'나도 변하고 싶지만, 쉽지 않아.'

우리의 안에는 변화를 꿈꾸는 '새로운 나'가 있는가 하면, 그 변화를 두려워하며 저항하는 '익숙한 나'도 존재한다. 과거의 경험은 때때로 나를 가두고, 머릿속에서는 끊임없이 과거의 나를 정당화하는 이야기가 재생산된다. 그럴 때, 책은 내 생각을 보호하는 보호막이 되어 준다. 우리는 책을 통해 원하는 정보를 찾고, 필요한 조언을 얻으며, 새로운 시각을 체화할 시간을 얻게 된다.

책을 읽는 것은 내 사고방식과 신념을 점검하고 확장하는 과정이다. 비슷한 주제를 다루는 여러 권의 책을 읽다 보면, 하나의 생각을 여러 각도에서 바라볼 기회가 생긴다. 어제까지 당연하게 받아들였던 것들이 오늘은 낯설게 느껴질 수도 있다. 어떤 책은 기존의 믿음을 단단하게 해 주고, 어떤 책은 사고에 균열을 일으키며 새로운 가능성을 열어 준다. 우리가 가진 사고의 틀은 다양한 이야기 속에서 점차 유연해지고 깊어져 간다.

연세대학교 김주환 교수는 《내면소통》에서 다음과 같이 말한다. "내가 나의 내면에서 끊임없이 만들어 내는 이야기의 방식과 내용을 바꾸면 얼마든지 나 자신을 바꿀 수 있다." 이런 점에서 책은 내면에서 들려오는 목소리를 바꿔 주는 좋은 도구가 된다. 책을 통해 우리는 자신에게 들려주는 이야기를 점검하고, 불필요하며 부정적인 자기 대화를 줄여 나갈 수 있다. 약해진 의지를 다시 북돋아 주고, 희미해진 목표를 다시 또렷하게 만들어 준다. 때로는 한 문장이, 때로는 한 권의 책이 나의 삶을 다시금 움직이게 만드는 강력한 동기가 된다.

우리의 생각은 쉽게 흔들린다. 외부의 정보와 타인의 평가에 쉽게 영향을 받는다. 그러다 보면 결국 우리의 삶 전체가 흔들린다. 그럴 때 책은 스스로 보호하고 중심을 잡을 수 있도록 지적인 방패가 되어 준다. 동시에 더 넓은 시야를 가질 수 있도록 돕는 창이 되기도 한다. 책은 우리가 더 깊이 질문하고, 더 나은 방향으로 나아갈 수 있도록 밀어주는 힘이 된다. 그러니 마음이 흔들릴 땐 책을 펼쳐 보자. 그 안에서 지금의 나에게 필요한 단단한 이야기와, 아직 열어보지 않은 가능성을 발견할 수 있을 것이다. 그리고 이 책이 당신에게도 작은 희망과 용기가 되어 주기를 진심으로 바란다.

리트릿,
일상에서 물러나는 시간

 지금까지 우리는 명상, 요가, 기록, 독서를 통해 일상 속에서 오아시스를 발견하는 방법들을 살펴보았다. 그렇게 우리는 일상의 틈 속에서 숨을 고르고, 감정을 바라보며, 나의 생각과 연결될 수 있다. 이는 나를 돌보는 작고 단단한 쉼이 되어준다. 하지만 어느 날, 이런 생각이 들 수도 있다.
 "조금 더 깊게, 나 자신을 만나고 싶다."
 그럴 때 선택할 수 있는 또 하나의 방법이 있다. 바로 '리트릿(Retreat)'이다. 리트릿은 단순한 여행이나 휴식이 아니다. 삶에서 의도적으로 한 걸음 물러나, 오롯이 나에게 집중하며 내면과 마주하는 시간이다. 앞서 소개한 네 가지 활동들이 일상 속에서 실천 가능한 '짧은 쉼'이라면, 리트릿은 삶 전체를 잠시 내려놓고 진짜 나와 마주하는 '깊은 쉼'이다.

반복되는 삶을 잠시 멈추고 자연과 고요 속에 머무는 시간은, 내면의 목소리를 더 선명하게 들을 수 있는 기회를 마련해 준다. 그곳에서 우리는 '누군가의 역할'이 아닌, '있는 그대로의 나'로 존재하는 법을 다시 배우게 된다. 누군가의 자식도, 배우자도, 동료도 아닌, 그저 나로 살아보는 연습을, 나의 진정한 욕구를 확인할 수 있는 시간이다. 그것이 리트릿이 우리에게 선물하는 진짜 여행이다.

자, 이제 조금 다른 여행을 떠나보자.

의도적인 멈춤, 내면의 목소리를 듣는 시간

이런 순간이 있다. 평소와 다를 바 없는 하루인데도, 왠지 모든 것이 흐릿하게 느껴지는 날. 할 일은 많지만 마음이 따라주지 않고, 어디로 가야 할지 막막한 느낌이 가슴을 짓누른다. 분명히 앞으로 나아가고는 있지만, 이 길이 맞는지 의심이 밀려오기도 한다. 그런 날이면, 문득 이런 생각이 떠오른다.

"내가 지금 가고 있는 방향이 맞을까?"

"이 길을 계속 가도 괜찮을까?"

우리는 그런 순간에도 본능적으로 '더 열심히 해야 한다'고 생각한다. 계획을 다시 세우고, 부족한 부분을 점검하며, 자신을 몰아붙인다. 하지만 아무리 애를 써도 해결되지 않는 감정들이 있다. 그 감정들은 미루거나 덮어둘 수 있을지도 모른다. 하지만 숨겨둔 감정은 결국, 어떤 형태로든 우리를 찾아온다. 예상치 못한 순간에 분노로, 불안으로, 혹은 이유 없는 피로감과 공허함으로 찾아온다.

하지만 일상의 소음 속에서는 그림자를 마주할 기회가 거의 없다. 해야 할 일이 많고, 다양한 역할을 소화해야 한다. 우리는 바쁜 삶에 몰두하면서 모든 것이 해결된 것처럼 착각하며 감정을 억누른 채 살아간다. 하지만 억눌린 감정은 결코 사라지지 않는다. 마치 수면 아래 가라앉아 있다가, 작은 자극에도 다시금 떠오른다. 우리에게 필요한 것은 더 빠르게, 더 열심히 달리는 것이 아니라, '의도적으로 멈추는 용기'다.

진정한 변화는 멈춤에서 시작된다. 단순히 기분 전환을

위해 여행을 다녀오거나 하루 이틀 쉬는 것으로는 충분하지 않다. 내면의 목소리를 듣고, 감정을 탐색하며, 진짜 나를 마주하는 시간이 필요하다. 이를 돕는 강력한 도구가 바로 '리트릿'이다.

리트릿은 단순한 휴식이 아니다. 리트릿은 바쁜 일상과 역할을 내려놓고, 오직 나에게만 집중하는 깊은 휴식이다. 그동안 미뤄온 감정들을 더 이상 피하지 않고 직접 대면하는 용기 있는 선택이다. 그곳에서 우리는 더 이상 도망칠 곳이 없다는 것을 받아들이고, 비로소 나를 마주하게 된다. 중요한 것은 그 감정을 미루는 것이 아니라 제때 마주하는 것이다.

나 역시 그런 경험을 했다. MBSR(Mindfulness-Based Stress Reduction) 프로그램의 묵언 명상에 참여한 적이 있다. 하루 종일 침묵을 지키며 오로지 내 감정과 감각을 마주하는 시간이었는데, 예상치 못했던 감정들이 물밀듯 밀려왔다. 애써 외면했던 기억들, 미처 애도하지 못했던 아픔들, 그리고 나 자신을 얼마나 바쁘게 몰아붙이며 살아왔는지를 마주해야 했다.

"지금은 바쁘니까, 신경 쓰지 말자."

"조금만 더 참고 나중에 해결하자."

"지금은 그럴 여유가 없어."

평소에는 이렇게 말하며 늘 감정을 눌러왔다. 하지만 침묵 속에서는 더 이상 핑계를 댈 수 없었다. 억눌렀던 감정들이 또렷하게 떠올랐고, 그것들과 함께 머물 수밖에 없었다. 묵언 명상은 내 안의 그림자를 깊이 이해하는 과정이었다. 그 감정들은 단지 불편한 것이 아니라, 나에게 중요한 메시지를 전하고 있다는 걸 깨달았다. 그리고 그 감정을 받아들이는 순간, 나는 과거의 나로부터 조금씩 자유로워질 수 있었다. 그 과정을 통해 잃어버린 10년으로부터 비로소 해방될 수 있었다. 묵언 명상은 숨겨 두었던 감정을 꺼내어 바라볼 기회를 주었고, 그 감정과 함께 머물며 치유할 기회를 마련해 주었다.

그 후로도 나는 묵언 명상을 계속해서 찾았다. 하루 8시간 진행되는 단기 리트릿을 통해, 2박 3일간의 중기 리트릿을 통해, 그리고 열흘간의 장기 리트릿을 통해 나의 그림자를 반복해서 마주했다. 그 과정 속에서 내가 얼마나 얕은 숨을 쉬고 있었는지, 표현하지 못한 감정이 얼마나 오랫동안 가슴속에 맺혀 있었는지를 알게 되었다. 방패처럼 단단히 굳어버린 감각들이 하나둘 떠올랐다.

속으로 삼키고 말하지 못했던 수많은 날들, 조용히 침묵

했던 순간들, 못다했던 자기표현들이 모두 뒤엉켜 있었다. 좌절과 분노, 억울함, 안타까움 등의 많은 감정들이 겹겹이 쌓여 날카로운 방패를 만들어 냈다. 이 방패는 지금까지 나를 보호하는 듯 보였지만, 실은 나를 스스로 고립시키고 있었다.

그리고 그 속에서 나는 중요한 진실을 마주했다. 나는 내 몸과 오랫동안 친하지 않았다. 나는 나를 미워했고, 스스로를 방치해왔다. 그렇게 애써 외면하던 감정들 너머로, 놓쳐버린 기회들, 수치심, 무력감이 모습을 드러냈다. 하지만 그 아래에는 전혀 예상하지 못한 감정이 숨어있었다. '고마움'이었다. 내가 나를 외면하고 미워했던 시간 동안에도, 내 몸은 묵묵히 나를 위해 애쓰고 있었다. 그걸 깨닫는 순간, 갑작스레 눈물이 쏟아졌다. 내 안에서 조용히 자라나던 연민의 감정이, 마침내 말없이 고개를 들었다.

'결국 너희도 나에게 사랑받기 위해 그렇게 부단히 움직여 왔던 거구나.'

그 이후로 나는 내 감정이 더 이상 나를 조종하지 않는다는 것을 느꼈다. 불편한 감정들이 단번에 사라진 것은 아니지만, 적어도 그 감정들을 억누르지 않게 되었다. 나는 다양한 감정을 온전히 느끼기 시작했고, 나에게 고마움을 표현할 수 있게 되었다. 그렇게 치유된 마음은 앞으로 풀어가야 할 인생의 과제들을 볼 수 있게 해주었다.

리트릿을 경험하기 위해 반드시 거창한 프로그램이나 명상 코스에 참여해야 할 필요는 없다. 일상 속에서도 적용할 수 있는 미니 리트릿을 실천해 볼 수 있다. 하루 동안 디지털 단식하기, 주말 동안 온전히 나만의 시간 보내기, 조용한 자연 속에서 혼자 시간 보내는 것 만으로도 충분히 시작할 수 있다. 중요한 것은 지금 내가 무엇에 목말라 있는지를 인식하는 것이다. 그리고 그것을 채우기 위해 '의도적으로' 자신만을 위한 공간과 시간을 마련하는 것이다.

반복되는 일상에서 잠시 벗어나 오롯이 내면에 머무르는 경험은 우리 마음에 깊은 치유를 선물한다. 리트릿을 통해 우리는 일상에서 피했던 감정과 마주하게 된다. 깊이 묻혀 있던 상처를 바라보고, 억눌린 감정을 이해하고, 현재의 나를 다시 받아들이는 기회를 가질 수 있다. 잊고 있었던 과거의 경험이 현재의 나에게 어떤 영향을 주고 있는지 탐색하는 시간을 마련해 준다.

'나는 지금 어떤 상태인가?'
'내 마음속엔 무엇이 꿈틀대고 있는가?'

이 질문으로부터, 리트릿은 시작된다.

리트릿으로
나를 마주하다

대면 과정이 중요한 이유는 더 이상 이유 없이 화를 내거나 관계를 악화시키지 않아도 된다는 점이다. 나의 그림자를 먼저 인정하면, 그 속에서 새로운 선택을 할 수 있는 여지가 생기기 시작한다. 그 순간 더 이상 과거의 감정에 휘둘리지 않게 된다. 감정에 끌려가는 대신, 감정의 뿌리를 인식하게 되고, 그로부터 새로운 선택지를 발견할 수 있게 된다.

융은 "그림자가 자아를 뒤엎는 '미혹의 안개'를 형성한다"라고 말했다. 이 안개 속에 갇히면 자신의 어둠을 회피하고, 결국 그림자가 우리를 더 깊이 잠식하도록 허락한다. 하지만 억압된 그림자는 언제나 예고 없이 우리를 찾아온다. 우리가 원하지 않아도 어느 순간 우리 앞에 나타나 '나를 봐줘' 하고 말을 걸어온다. 그때 우리가 할 수 있는 선택은 단 하나. 도망치는 대신, 진짜 감정을 마주하는 것이다. 이 감정의 뿌리가 무엇인지 대면해야 할 때라는 것을 알아차려야 한다.

'이 감정은 어디에서 온 걸까?'
'이 감정의 실체는 무엇일까?'
'이 감정은 내 안의 어떤 기억을 건드린 걸까?'

대면은 그림자를 마주하고 통합하는 가장 중요한 단계다.
'아, 결국 이 감정도 나의 일부였구나.'
이것을 깨닫는 순간, 판도라의 상자가 열리지만 이와 동시에 우리는 해방을 맞이한다. 진정한 치유는, 단순히 싫은 감정을 없애거나 상처를 지우는 것이 아니라, 그 상처와 감정이 '내가 살아온 이야기'라는 걸 인정해 주는 것이다. 이것이 바로 대면, 즉 그림자를 마주하는 것이 우리에게 주는 선물이다.

우리에겐 때때로 일상의 트랙에서 완전히 벗어나야 할 순간이 있다. 아무리 애를 써도 똑같은 패턴이 반복될 때, 삶이 더 이상 가슴을 뛰게 하지 않을 때, 내면의 어딘가에서 조용히 신호를 보낸다. 그 신호를 알아차렸다면 더 이상 머뭇거리지 말고 떠나 보자.

리트릿은 삶을 전환시키는 강력한 의식이다. 리트릿은

정서적 강렬함을 만들어 내면서 일상으로부터 다른 선택을 하도록 만든다. 우리는 오래된 그림자를 마주하며 치유할 수도, 억눌러 왔던 밝은 그림자를 새로이 만날 수도 있다. 온전히 나만의 시간을 보낼 수도, 평소 배워 보고 싶었던 것을 깊게 탐구할 수도, 여러 이유로 미뤄 둔 꿈을 향해 첫발을 내디딜 수도 있다. 이 모든 과정은 자신을 더 깊이 이해하고, 진짜 나다운 삶으로 나아가는 여정이다.

리트릿을 통해 우리는 더 이상 해야만 하는 삶이 아니라, 선택하는 삶으로 옮겨갈 수 있다. 온전히 나를 위한 시간을 보내고, 평소 미뤄 두었던 꿈에 조용히 다가가 보자. 그곳에서 자신을 다시 이해하게 되고, 진짜 나다운 삶이 무엇인지 알게 될 것이다. 어쩌면 지금 이 순간, 당신의 내면은 조용히 무언가를 속삭이고 있을지도 모른다.

"이제 멈춰야 할 때야."
"이제 도약해야 할 때야."

그 신호를 외면하지 말고, 한 걸음 다가가 보자.
멈춰야 한다면, 과감하게 멈춰 보자.
떠나야 한다면, 더 깊이 떠나 보자.

그리고 무엇보다 당신 자신의 가능성을 믿길 바란다. 도전하지 못할 이유를 만들기 전에 일단 움직여 보자. 자신에게 질문하는 것을 멈추지 말고, 자신의 감각을 믿어 보자. 내면의 직관에 따라 나아가다 보면, 어느 날 그림자와 함께 웃고 있는 자신을 발견하게 될 것이다.

[실습15] 나만의 리트릿 설계하기

가끔은 모든 걸 잠시 멈추고 아무도 없는 풍경 속에 조용히 서고 싶을 때가 있다. 그 누구의 기대도 없이, 어떤 역할도 없이, 그저 '있는 그대로의 나'로서 쉬어가고 싶은 순간이 찾아온다. 그 순간이 바로 리트릿이 필요한 순간이다. 리트릿은 멀리 떠나는 특별한 여행일 수도 있고, 지금 이 자리에서의 조용한 시간일 수도 있다. 중요한 건 나를 만나기로 결정했다는 것이다. 이 실습은 바로 그 내면의 여정을 스스로 설계해보는 과정이다. 이 실습은 당신만의 리트릿을 기획해 보는 것이다. 만약 시간적, 경제적인 제약이 없다면, 당신은 스스로에게 어떤 멈춤을 주고 싶은가?

1. 지금, 나의 마음은 어떤 휴식을 원하고 있는가?

최근 당신의 마음에 어떤 감정이 머물고 있는가? 조금 지쳤는가? 허전한가? 아니면 무기력한 감정이 자주 올라오는가? 지금 떠오르는 감정이나 상태를 한 문장으로 표현해보자.

요즘 나는 자꾸만 _____ 한 마음이 든다.
요즘 나는 _____ 느낌이다.
요즘 나는 _____ 하다.

예)
"나는 지금 자꾸만 버티고 있는 느낌이다."
"요즘 내 감정이 자주 무기력하고 공허하다."
"뭔가를 내려놓고 싶은데, 어떻게 해야 할지 모르겠다."

2. 리트릿을 통해 어떤 시간을 보내고 싶은가?

아래 문장들 중에서 마음이 머무는 키워드를 골라보자. 체크하거나 새롭게 적어도 좋다.

☐ 감정을 정리하고 비워내는 시간

☐ 오래된 그림자와 마주보는 용기의 시간

☐ 밝은 그림자와 연결되는 자유롭게 표현해보는 시간

☐ 아무것도 하지 않아도 괜찮은 완전한 쉼의 시간

☐ 새로운 삶의 방향을 그려보는 시간

☐ 지금 내 마음이 가장 원하는 키워드는

----

3. 나만의 리트릿 구체화하기

1) 어디서 시간을 보내고 싶은가? (예, 숲이 있는 산책길, 하얀 시트가 깔린 호텔, 오래된 카페, 혼자만의 여행 등)

----

2) 얼마 동안 쉬면 좋을까? (예, 반나절, 하루, 일주일 등)

---

3) 어떤 리트릿의 방식이 좋을까?

(예, 디지털 디톡스, 명상, 글쓰기, 말 없는 하루 보내기 등)

---

4. 이번 리트릿에서 나에게 던지고 싶은 질문은 무엇인가? 이번 리트릿을 통해 무엇을 원하는가? 조용히 마음을 향해 던지고 싶은 질문이 있다면 적어보자.

예)

"나는 지금 무엇을 내려놓고 싶은가?"

"나는 어떤 모습으로 살아가고 싶은가?"

"요즘 나를 흔드는 이 감정은 무엇인가?"

> **5. 만약 경제적, 시간적 제약이 없다면, 정말로 어떤 리트릿을 떠나보고 싶은가?**
>
> 모든 가능성을 넓혀 진정 원하는 쉼을 그려보자. 그리고 그것을 마음에 품어두자. 당신이 정말 원한다면 어느 순간, 그 쉼이 찾아올 것이다.
>
> ---
> ---
> ---

진짜 쉼은 완벽한 순간이나 이상적인 조건에서 오는 것이 아니다. 진짜 쉼은, 지금 이 순간 '나에게 쉼을 허락하겠다'는 마음에서 시작된다. 이 작은 실천이 당신의 삶을 잠시 멈추게 하고, 그 멈춤 속에서 새로운 방향을 발견하게 해줄 것이다. 당신만의 리트릿이 일상 속 작은 오아시스가 되기를, 그리고 그곳에서 당신이 자신과 조금 더 가까워지기를 소망한다.

그토록 찾던 것이
당신 내면에 있음을 발견하면,
삶이 완전히 달라질 것이다.

- 마르쿠스 아우렐리우스

에필로그. 집으로 돌아오다

　이 책을 쓰는 데 4년이란 시간이 걸렸다. 책을 쓰기 시작한 것은 다른 누구의 권유 때문이 아니었다. 어느 순간 내면에서 "나의 이야기를 하고 싶다"는 목소리가 들려왔다. 그리고 내 이야기가 누군가에게 도움이 될 수도 있겠다는 생각이 들었다.

　책을 쓰는 건 결코 쉽지 않았다. 그림자를 인정하는 것과 별개로 글로 풀어내는 작업은 하루에도 몇 번씩 찾아오는 좌절과 두려움을 마주해야 하는 것이었다. 그래서 긴 시간이 걸렸다. 나에겐 그림자를 마주할 용기가 필요했고, 빛으로 나아가기 위해 실천할 용기가 필요했다. 수없이 흔들리고 멈춰섰지만, 결국 나는 이 여정을 끝까지 걸어왔다. 그리고 지금, 나는 더 이상 타인의 기준이 아닌, 온전히 나의 삶을 살고 있다고 느낀다. 많은 방황과 망설임으로 길을 헤맸지만, 결국 나에게로 돌아왔다. 나는 집으로 돌아왔다.

일본어에는 '코모레비(こもれび)'라는 단어가 있다. 숲 사이로 햇살이 스며드는 모습을 뜻하는 단어이다. 햇살이 나뭇잎 사이로 흘러들어오고 나뭇가지가 만들어낸 그림자가 흔들거린다. 그 풍경은 우리에게 왠지 모를 평온함과 따뜻함을 준다. 빛과 그림자가 조화를 이루며 만들어내는 아름다운 순간을 일본에서는 '코모레비'라 부르고, 우리나라에서는 '볕뉘'라고 부른다.

빛이 있으면 그림자가 생긴다. 빛과 그림자는 함께 어우러져 존재한다. 삶도 그렇다. 어둠이 있어야 빛이 보인다. 상처가 있어야 성장이 있다. 혼란이 있어야 깨달음이 있다. 그림자는 우리를 빛나게 해준다.

어느 순간부터 일상 속에서 코모레비가 자주 보였다. 힘든 하루를 보낸 뒤, 창밖을 바라보다가 마주친 노을빛 하늘에서 빛과 그림자가 보였다. 출근길, 아침 햇살이 건물 사이로 스며들며 만들어낸 그림자가 따스하게 보였다. 그런 장면들이 내게 말해주었다.

"괜찮아. 지금 이 순간에도 그림자 너머에 빛이 있어"

때때로 삶이 나를 사막 한가운데로 던져 놓은 듯했다. 끝없이 이어지는 모래 언덕을 오르며, 앞이 보이지 않는 길을 묵묵히 걸어야 했다. 하지만 그 여정 속에서도 코모레비 같은 순간들은 존재했다. 그리고 나는 그 빛을 따라 걸어왔다.

우리 모두는 각자의 사막을 걷는다. 때로는 길을 잃고, 좌절하고, 멈춰서기도 한다. 하지만 그 여정 속에서도 오아시스는 분명히 존재한다. 자신만의 빛을 발견할 수 있는 순간이 반드시 찾아온다.

코모레비처럼, 삶의 어둠 속에서도 희미하게 빛나는 순간들이 있다. 예상치 못한 순간에, 가장 힘든 순간에, 빛이 모습을 드러낼 것이다. 숲 사이로 스며드는 빛처럼, 당신도 삶의 어둠 속에서 희미하게 빛나는 깨달음을 발견할 수 있을 것이다.

이제 나는 안다. 우리는 어디에도 갈 필요가 없다는 것을. 우리가 찾던 집은 언제나 우리 안에 있었고, 언제든 그곳으로 돌아갈 수 있다. 오랜 여정 끝에, 나는 마침내 집에 돌아왔다. 길을 잃은 줄 알았던 모든 순간들이 사실은 집으로 향하는 길이었다는 것을, 이제는 안다. 당신도, 언젠가 길의 끝에서 이렇게 말할 수 있기를 바란다.

"도착했다. 도착했다. 나는 집에 도착했다."
- 틱낫한

도움받은 책들

1 김주환, 《내면 소통》

2 니콜 르페라, 《내 안의 어린 아이가 울고 있다》

3 데런 브라운, 《모든 것이 괜찮아지는 기술》

4 디펙 초프라, 데비 포드, 마리안 윌리암슨 《그림자 효과》

5 로라 벤더캠, 《시간 전쟁》

6 루이스 헤이, 《치유》

7 리사 펠드먼 배럿, 《감정은 어떻게 만들어지는가?》

8 마거릿 폴, 《내면아이의 상처 치유하기

9 멕 애럴, 《스몰 트라우마》

10 베셀 반 데어 콜크, 《몸은 기억한다》

11 샤우나 샤피로, 《마음챙김》

12 스펜서 스미스, 스티븐 헤이즈, 《마음에서 빠져나와 삶 속으로 들어가라》

13 알렉스 수정 김 방, 《일만하지 않습니다》

14 유발 하라리, 《21세기를 위한 21가지 제언》

15 제임스 클리어, 《아주 작은 습관의 힘》

16 제임스 홀리스, 《내가 누군지도 모르고 마흔이 되었다》

17 정여울, 《나를 돌보지 않는 나에서》

18 크리스틴 네프, 크리스토퍼 거머, 《나를 사랑하기로 했습니다》

19 칼 뉴포트, 《디지털 미니멀리즘》

20 타라 브랙, 《받아들임》

21 타라 브랙, 《자기돌봄》

22 틱낫한, 《틱낫한 명상》

23 폴 길버트, 《자비중심치료》

24 힐러리 제이콥스 헨델, 《오늘 아침은 우울하지 않았습니다》

오아시스 모먼트

1판 1쇄 인쇄 2025년 05월 21일
1판 1쇄 발행 2025년 05월 31일

지은이 한유리

발행인 한정혜
편집 이안
디자인 책그림

발행처 너를위한
등록 2020년 11월 19일 (제2020-000057호)
주소 경기도 파주시 돌곶이길 129-7 94호
이메일 hye@foryoubook.co.kr

ⓒ 한유리 2025

값은 뒤표지에 있습니다.
ISBN 979-11-980355-3-0 03190

당신을 위한 책을 만듭니다.